知库

政治与哲学

——

村庄共同体演变的
政治逻辑研究

郝丽倩 著

九州出版社
JIUZHOUPRESS

图书在版编目（CIP）数据

村庄共同体演变的政治逻辑研究／郝丽倩著．--北京：九州出版社，2023.11

ISBN 978－7－5225－2447－4

Ⅰ．①村… Ⅱ．①郝… Ⅲ．①乡村—社会管理—研究—中国 Ⅳ．①D638

中国国家版本馆 CIP 数据核字（2023）第 210559 号

村庄共同体演变的政治逻辑研究

作　　者	郝丽倩　著	
责任编辑	姬登杰	
出版发行	九州出版社	
地　　址	北京市西城区阜外大街甲 35 号（100037）	
发行电话	（010）68992190/3/5/6	
网　　址	www.jiuzhoupress.com	
印　　刷	唐山才智印刷有限公司	
开　　本	710 毫米×1000 毫米　16 开	
印　　张	13.5	
字　　数	192 千字	
版　　次	2024 年 4 月第 1 版	
印　　次	2024 年 4 月第 1 次印刷	
书　　号	ISBN 978－7－5225－2447－4	
定　　价	85.00 元	

目 录
CONTENTS

第一章

绪　论

党的十九大提出"乡村振兴战略",为新时代农村建设提供了目标与思路。村庄共同体是乡村振兴实施的最终场域,村庄共同体的样态影响着乡村振兴的政策和项目的落地。新时代乡村振兴背景下需要怎样的村庄共同体呢?党的十九届四中全会明确提出,"坚持和完善共建共治共享的社会治理制度,建设人人有责、人人尽责、人人享有的社会治理共同体"。乡村治理共同体作为社会治理共同体中的一个重要内容,受到了学术界的普遍重视。然而,乡村治理共同体并不是一个新兴的事物,而是在治理体系和治理能力现代化建设中对村庄共同体的重新认识以及构建路径。因此,厘清村庄共同体的演变逻辑,挖掘村庄共同体变迁的内外部要素,对于建设与乡村振兴相衔接的乡村治理共同体至关重要。

第一节　研究缘起与意义

一、研究缘起

社会先于国家产生,人类从诞生之初就要依靠共同体生活。马克思主义也提出"人类自身创立了社会历史,不过他们并没有任意地创立社会历史,也没有在他们自身所选择的前提下创立,只是在直接遇到的、社会历史一定的、由过去继承至今的前提条件下创立的"。① 中国村庄社区的形成由来已久，主要表现为血缘关系与地缘关系，而以家庭为基础的村落社区则是一种延续，塑造了中国社会的社会结构。传统社会皇权不下县的双轨治理结构源自一个由许多家族构成的小型社区。"皇权不下县，县下唯宗族，宗族皆自治，自治靠伦理，伦理造乡绅"是对过去封建传统社会的最好描述。韦伯在研究中国历史时，就把村落共同体界定为氏族。在我国，不管在都市或者在乡村，宗族组织在经济社会生活中都担当了主要角色，在同一个区域中共同生息劳动的氏族集体依靠着地缘关系构成了乡村共同体（乡），它是以共同的生活习俗和规则为纽带的社会自治群体。② 而在家庭或者宗族基础上形成的乡村氏族以社会主义文化构成了我国社会的基本特征，这也是我国社会区别于西欧社区以及其他社会的基本特征所在。③

传统社会以家族为单位的村庄共同体带来的是家族式的团结，正如孙中山所言"中国人最崇拜的是家族主义和宗族主义，没有国族主义。中国人对于家族和宗族的团结力非常大，往往因为保护宗族起见，宁肯牺牲身家性命……中国人的团结力只能及于宗族而止，还没有扩张到国族"④。新中国成立后，中国共产党通过土地改革和集体化，重新将农村的力量与资源整合起来，建立了一种对民族、集体的认同感。自此，村庄共同体的演变就离不开国家制度变迁的影响。家庭联产承包责任制和村民自治机制的深入实施，深刻地改变了集体化时期村庄共同体所依赖的经济、政治和文化等条件，同时由于市场经济和社会结构的不断变化迁移，村庄共同体联结机制大为削弱，村庄空心化、村民原子化导致村庄权力为村干部所攫取，村民自治成为

① 中共中央马克思恩格斯列宁斯大林著作编译局. 马克思恩格斯选集（第一卷）[M]. 北京：人民出版社，2012：669.
② 苏国勋. 理性化及其限制——韦伯思想引论 [M]. 上海：上海人民出版社，1988：153.
③ 王沪宁. 当代中国村落家族文化——对于中国社会现代化的一项探索 [M]. 上海：上海人民出版社，1991：3.
④ 孙中山. 三民主义 [M]. 北京：九州出版社，2012：3-4.

村干部治理。与此同时，村庄共同体功能的弱化，使得村民对于公共服务的需求、对于民主参与的诉求溢出乡村，增加了国家的治理成本。此外，村庄共同体是国家政策落地转化的最终场域，村庄共同体的效能决定着国家资源和政策能否有效实施，国家政权能否获得村民的认同。因此，重构村庄共同体成为新时代乡村治理的重要议题。

事实上，国家已经意识到这个问题，党的十九大提出中国特色社会主义进入新时代，新时代社会主义矛盾是人民日益增长的美好生活需要和不平衡不充分的发展之间的矛盾，其中最大的不平衡不充分就是城乡发展不平衡和农村发展不充分，而乡村振兴战略的目标就是破解城乡发展不平衡、农村发展不充分的难题，进而解决新时代社会主要矛盾的战略选择。乡村振兴战略的实施意味着国家将下沉大量的资源进入乡村，但能否将大量的治理资源转换为治理效能，最终取决于村庄能否有足够的能力承接资源、转化资源，实现以农民为主体的乡村振兴。那么在此背景下，该构建一个怎样的村庄共同体呢？该如何构建呢？如果仅从国家的视角，容易忽视村庄内生性演变的过程，在实践中，国家出台的大量惠农政策运转不起来的原因，就是忽视了村庄内生性逻辑，忽视了农民的诉求，忽略了农民的理性；但如果因此抛弃国家视角，仅从村庄内部看，当前村庄共同体式微、村庄空心化、村民老龄化等问题就成为现代化的自然过程，村庄衰败就成为必然，那为什么还要实施乡村振兴呢？这就需要我们梳理村庄共同体的演变逻辑，分析当前村庄共同体所遭遇的式微困境是其内在自然演变的结果，还是受到其他因素的影响，是受哪些因素的影响，如何化解。这是本书研究的出发点。

2019 年 9 月，著者刚进入山西大学政治学专业攻读博士学位，就得到一个跟随老师下乡调研的机会，这次调研是到山西夏县的 Y 村进行实地研究，Y 村距离县城只有不到 4 公里的路程，也是乡政府所在地，交通十分便利，地理位置重要，而且气候温和、土地肥沃，自古就以农业生产为主。人民公社时期，Y 村因具有高度凝聚力，不仅是夏县的农业先进村，而且副业发展遍地开花，集体经济实力强大，家大、业大、底子厚，是全县有名的富裕村、明星村。但是，改革开放以后，Y村的集体资产被变卖，集体土地被侵占，集体经济空壳化，村民上访不断，干群矛盾激化，成为全县有名的上访村、脏乱差村。而且村内还有市级龙头企业，有非常好的发展机遇，但却陷入了无法自拔的矛盾泥潭。著者通过进一步的深入调研发现，Y村从集体时期的和谐富裕到改革开放后的矛盾激化，村庄共同体经历了从高度团结到动荡撕裂的转变。那么，随着城市化进程的加快，乡村权力是如何运转的、利益是如何分配的、村民在权力和利益的作用下又是如何行动的、农民行动的内在机理是什么等一系列问题，引发了我的深入思考，这也是我选择这个村庄作为典型案例进行研究的缘起。

实施"乡村振兴战略"，必须尊重农民主体地位，充分发挥农民主体作用，调动广大农民群众参与乡村振兴的积极性、主动性与创造性。同时，乡村振兴战略是一项长期的复杂的系统工程，需要多种主体力量共同参与、协同推进。由此，村庄共同体是实现乡村振兴的重要载体，是有效激发乡村内在活力与发展潜能的重要平台，也是推动农业全面升级、农村全面进步和农民全面发展的重要平台，它有助于在乡村形成"人人有责、人人尽责、人人享有"的发展格局。对于村庄共同体来说，权力及权力运作是核心，农民及农民行动是村庄共同体样态的主体力量，利益又是推动权力发生变化和决定农民行动的重要因素，有利则聚，无利则散。对于乡村振兴条件充足的Y村来说，权力和利益互动关系的变化是如何影响村民行动的？村庄治理共同体又是如何在村民行动的作用下发生演变的？其演变的政治逻辑是什么？本书的研究目的就是在回答这一系列问题的基础上，探索重塑共同体、凝聚村民合力的振兴之路。

二、研究意义

村庄共同体是村民生产生活的基本单位，是农民全部的情感依托。改革开放以来，随着中国城市化步伐的日益加快，中国农村经济社会发展出现不少问题，包括农村年轻人才流失严重、农民公共群体意识弱化、农村周边污染问题严重、乡镇官员贪污严重等，农村原子化、空心化、个体化的状况也日渐凸显，互联网上关于"乡村衰败"的话题也屡见不鲜。在这一历史背景下，怎样重构农村社会关系，加快推进乡村治理现代化，已经成为基层社会治理亟待解决的重点和难点问题。21世纪以来，党和国家领导高度重视乡村发展、建设和治理相关问题，相继出台了一系列推进乡村重建和乡村发展的政策，并通过政策执行取得了显著成绩。2017年，党的十九大首次提出了"乡村振兴战略"，针对乡村日益衰落的现状，强调"要坚持农业农村优先发展，按照产业兴旺、生态宜居、乡风文明、治理有效、生活富裕的总要求，建立健全城乡融合发展体制机制和政策体系，加快推进农业农村现代化"。2018年的中央一号文件《中共中央 国务院关于实施乡村振兴战略的意见》，进一步明确了实施乡村振兴战略的目标、原则、路径和举措，要求各地编制实施乡村振兴战略第一个五年规划（2018—2022）。此后，又下发了一系列政策文件，为加快构建新型乡村共同体提供了契机。

然而，随着农村人口单向流动的加速以及乡村治理能力和水平的弱化，许多村庄共同体面临着解体危机。为此，本书通过对山西夏县 Y 村共同体演变历程的分析，试图挖掘和探究影响村庄共同体样态的内外部因素，分析村庄共同体是如何由繁荣到衰败的，并在此基础上为重塑村庄共同体提供一些积极参考。具体而言，本书的研究方向具有理论基础和现实情况两个方面的意义。

从理论基础层面而言，任何政治、经济都要嵌入社会关系中，村庄共同体作为乡土社会的重要组成部分，其演变既受到国家、基层政权和农民的互动影响，也形塑着国家、基层政权与农民的关系。本书以村庄共同体为切口，从理论上探讨国家、基层政府与农民之间的关系；在此基础上，涉及第二个理论问题，即国家、基层政权与农民的互动关系受什么因素影响？本书基于对案例村的观察，发现"权力—利益"的变动，以及村民行动的变动，影响着村庄共同体的演变。最后，本书旨在通过案例村讨论一个更为核心的问题，如何在国家的视角中重构基层社会，从基层社会的视角中吸纳国家的力量，即如何将国家视角和基层社会视角结合起来。

从现实意义层面而言，2021年，中共中央、国务院印发了《关于加强基层治理体系和治理能力现代化建设的意见》，对推进基层治理做出了战略部署。开展村庄共同体研究，有助于总结历史经验，汲取历史教训，不断提高党组织和党员干部破解基层治理难题的能力，健全自治、法治、德治相衔接的基层治理体系。此外，村庄共同体的研究，有助于推进乡村治理共同体建设，拓展共建、共治、共享机制在乡村治理中的运用，调动各方面主体参与的积极性，凝聚共识，形成合力，解决基层治理碎片化、空心化、松散化等问题，进一步推进群众自我管理、自我服务、自我教育、自我监督，努力开创基层治理新局面，提升基层治理体系和治理能力现代化。

第二节　国内外研究述评

一、乡村权力与利益关系研究

关于村庄治理权力和村庄利益问题的研究是理解村庄政治的基础，也是政治学研究的重要内容。文献梳理主要从实行村民自治对精英权力和村民利益的影响、农村经济体制改革对村干部权力和村民利益的影响以及外部要素介入对乡村权力结构的影响三个维度来进行。

一是村民自治的实行对精英权力和村民利益的影响。20世纪90年代，随着村民自治在全国范围内的广泛实行，村民自治制度的设置对村庄精英权力和村民利益的影响成为许多学者关注的焦点。一些学者提出村民自治的实行导致了村"两委"干部之间的权利冲突（Daniel Kelliher，1997；Kevin J. O'Brien, Lianjiang Li，1999；Thomas Bernstein，2006），对村庄权力结构以及村治权威产生了影响（Baogang He，2002）。此外，徐勇（2003）从农民利益实现角度出发，提出了对现今乡村治理中的权力关系非常具有前瞻性的改

良措施，他认为权力结构的核心是要下放更多的治理权限给县级政权，各项
乡村事务应当由县主管乡村政治运行，乡村自治组织专门从事村民自治工
作，这样农民的利益就能够得到县乡两级保障。① 金太军（2008）则认为乡
村政治的精英权力是由国家权力赋予的，国家权力与村庄体制内精英之间的
关系形态主要体现为委托代理。从治理结构层面来看，村庄体制内精英在国
家与普通村民之间是起"桥梁"衔接作用的关键一环，是整个乡村治理结构
中重要行动者。因此，乡村精英在乡村治理结构中的作用也日益变强。金太
军同时认为，农民利益的实现深嵌在这三重架构的权力场当中，平衡好各种
关系是实现农民利益的前提。②

二是农村经济体制改革对村干部权力和村民利益的影响。一些学者认
为，农村改革削弱了村干部的权力（Hartford，1985；Zweig，1983），导致了
村干部权力和权威的下降（Gordon White，1987）。但也有学者认为，农村改
革并没有降低村干部的权力，农村改革仅仅是改变了村干部的权力基础，他
们仍然能够通过控制关键和稀缺资源的分配影响农民（Jean C. Oi，1986；
Lin Nan，1995）。苏红（2002）提出，市场经济背景下乡镇政权从"代理型
政权经营者"转变为"谋利型政权经营者"。③ 钱忠好（2003）认为，市场
机制在农村土地资源中发挥着重要的作用，乡村干部在处理农村土地承包经
营权的问题上，在考虑自己利益最大化的驱动下所采取的行政调整，一定程
度上降低了农地供给和农地需求。④ 申静通过分析关于吉庄、东村两地村庄
的实地调查认为，市场的介入减弱了村民对"监督人"的依赖。⑤ 在现代化

① 徐勇. 乡村治理结构改革的走向——强村、精乡、简县［J］. 战略与管理，2003
（08）.
② 金太军. 村庄治理和权力结构［M］. 广州：广东人民出版社，2008.
③ 杨善华，苏红. 从"代理型政权经营者"到"谋利型政权经营者"——向市场经济
转型背景下的乡镇政权［J］. 社会学研究，2002（01）：17-24.
④ 钱忠好. 农地承包经营权市场流转的困境与乡村干部行为——对乡村干部行为的分
析［J］. 中国农村观察，2003（02）：10-13.
⑤ 申静，陈静. 村庄的"弱监护人"：对村干部角色的大众视角分析——以鲁南地区
农村实地调查为例［J］. 中国农村观察，2001（05）：53-61.

进程中，受市场意识的影响，村干部的公仆意识淡化、个人意识凸显，传统的监护人转化成"弱监护人"。

三是外部要素介入对乡村权力结构的影响。魏晨、刘义强（2019）① 在研究回龙村 1949 年之前的水权治理的基础上，得出了治理主体间权利关系的协调是公共池塘资源善治的主要实现途径的结论。李晓梅、白浩然（2019）② 从精准扶贫政策执行的角度，探索农村场域运行中"基层政府权力"和"上级政府权力"两种权力运行对治理效果的形塑机理。章文光、刘丽莉（2020）③ 从国家权力与村民自治的角度来分析，在精准扶贫的大背景下，国家权力的回归对农村基层治理的结构性作用。也有学者认为，众多治理主体涌入乡村，重构了乡村治理主体结构，治理主体的多元化能为村庄提供足够的外部动力，但同时也容易带来一些"权力风险"。辛璃怡、于水（2020）④ 基于对"适应性"的考量，从分析行政权力、村庄治权、经济权力和道德权威四种不同类型的权力来分析外部要素对乡土社会的适配度，并对当下乡村中的这四种权力各自的优势和限度进行了总结。周少来（2020）⑤ 在借鉴黄宗智等学者中国传统乡村经济"过密化"概念的基础上，提出了"权力过密化"的概念，分析了"权力过密化"的正向效应和负向效应，认为权力过密化导致权力边际效用递减，引发了一系列的乡村治理问题。

---

① 魏晨，刘义强．产权配置权力：公共池塘资源的治理规则及其逻辑——基于湖南省临澧县回龙村的深度调查［J］．广西大学学报（哲学社会科学版），2019，41（03）：108-115.
② 李晓梅，白浩然．双重政府权力运作：农村脱贫场景的治理逻辑——基于国家级贫困县村庄减贫实践的调研［J］．公共管理学报，2019，16（04）：48-60.
③ 章文光，刘丽莉．精准扶贫背景下国家权力与村民自治的"共栖"［J］．政治学研究，2020（03）：102-112，128.
④ 辛璃怡，于水．主体多元、权力交织与乡村适应性治理［J］．求实，2020（02）：90-99.
⑤ 周少来．"权力过密化"：乡村治理结构性问题及其转型［J］．探索，2020（03）：118-126.

二、农民行动研究

一是对农民行动概念的界定。关于传统小农具有何种理性的争论，一直存在着两派观点，且这两派的观点还是相互对立的，分别是以詹姆斯·斯科特为代表的小农"生存理性"说，以塞缪尔·波普金为代表的小农"经济理性"说，学界通常称之为"斯科特—波普金论题"。詹姆斯·斯科特在《农民的道义经济学：东南亚的反叛与生存》一书中全面解释了之前一直被学术界所忽略的农民身上特有的"生存伦理"，并以这种"生存理论"为中心构筑了"农民的道义经济学"，从而揭示了生存对于基层农民的意义。在斯科特看来，"农民的道义经济学"实际意义是指出了一种特属于农民的生存伦理方式。这种生存伦理一般表现在两个方面：一方面是生存，而非发展，要么是利益最大化；另一方面则是生存取向，而非利益导向。其中，"经济理性学说"是以 S. 塔克斯、W. 施坚雅、T. 舒尔茨以及塞缪尔·波普金为代表的。塞缪尔·波普金认为农民的经济行为比起任何资本主义企业负责人都毫不逊色，他们的行动是有经济理性的。费孝通（1998）在乡土中国中写道："在乡村工作者看来，中国乡下佬最大的毛病是私。"① 农民的行动一般是以家庭为单位，以家为界。家以内就是自家的事情，他们会做得很好；家以外就是公家的事情，这就有权利没义务了。邓大才（2008）提出，农民以家庭为行动单位，家庭是农民行动的主体单位。② 贺雪峰（2006）认为，血缘性和地缘性的村庄是中国传统社会中农民认同和行动的一个基本单元。虽然"农民行动"这一概念在乡村社会学的研究中得到了广泛应用，但是一直

---

① 费孝通. 乡土中国 [M]. 北京：北京大学出版社，1998：24.
② 邓大才. 农民行动单位：集体、农户与个人——兼论当代中国农民行动单位演变轨迹 [J]. 天津社会科学，2008（05）：65-69.

以来对其并没有一个清晰的定义。从毛丹、贺雪峰①等学者对农民行动行为的表现定义来看，其内涵包括以下三方面：第一，农民的行动是一种社会的行为，并非单一的农民个人的行为，而是由个人或团体的行为所决定的；第二，农村群体的社会活动以农户为主，注重农户的积极性；第三，在各个领域，农户行为的行为逻辑存在很大的差异，因此，要充分考虑农民的主体性，充分发挥当地的优势。

二是关于农民行动动机的研究。波耶克（1953）认为，在农民社会中，由于人们缺乏求利欲望与积累动机，只以"够用"为满足，因而表现出了与"正常的"供应曲线反常的"非理性"行为。② 波普金（1979）认为，理性小农的行动选择完全是在权衡长短利益之后，为追求最大利益而做出的。③韦伯（1987）认为，农民具有"传统主义"心态，其追求的不是得到最多，而只是为得到够用而付出最少。④ 基于此，还产生了"道德经济"⑤ "爱与怕的经济"⑥ 等说法。黄宗智（1992）提出，利润的追求者、维持生计的生产者和受剥削的耕作者是小农的三个特性，同时从理论上提出了"内卷化的小农"。⑦ 彭文平（2002）认为，农民行动是一种条件最大化行动，而不是

---

① 贺雪峰在其研究中基于"农民认同"提出"农民认同单位"，即"农民行动单位"，主要包括：核心家庭、联合家庭、小亲族、户族、宗族、村民组、行政村等不同类型。参见贺雪峰. 农民行动逻辑与乡村治理的区域差异 [J]. 开放时代，2007（1）；参见贺雪峰. 行动单位与农民行动逻辑的特征 [J]. 中州学刊，2006（05）.

② J. H. Boeke. Economics and Economic Policy of Dual Societies as Exemplified by Indonesia [M]. New York：Institute of Pacific Relations，1953.

③ Samuel L. Popkin. The Rational Peasant：The Political Economy of Rural Society in Vietnam [M]. Berkeley：University of California Press，1979.

④ [德] 马克斯·韦伯. 新教伦理与资本主义精神 [M]. 于晓，陈维刚，等译. 北京：生活·读书·新知三联书店，1987：42.

⑤ Scott，J. The Moral Economy of the Peasant：Rebellion and Subsistence in Southeast Asia [M]. New Haven：Yale University Press，1976.

⑥ Boulding，K，E. The Economy of Love and Fear [J]. Belmont，Calif，1973.

⑦ 黄宗智. 长江三角洲小农家庭与乡村发展 [M]. 北京：中华书局，1992.

主流经济学所认为的利润最大化行动。① 郭于华（2002）认为，农民的选择很大程度上受到生存境遇和制度安排的影响，对农民行动的分析要放在特定的、具体的生存境遇、制度安排和社会变迁中。② 于建嵘（2006）通过"压迫性反应"进一步解释集体行动参与者的原动力。③ 刘伟伟（2005）认为，农民在一般情况下是自利的、理性的效用最大化者，同时提出选择性激励对当代中国农民集体上访是适合的。贺雪峰（2004）提出了熟人社会的行动逻辑。他认为，在农村社会这种熟人社会中，对于是否具有公正性，农民有他自认为的特有的评判标准，在农民的合作中农民不是根据自己实际得到的好处计算，而是通过和他人收益的比较，来权衡自己接下来的行动。当他们更看重现时的收益时，便出现了行为的严重短期化。④

三是关于农民行动方式和策略的研究。科尔曼（1964）⑤ 认为，理性行为是人为了达到其特定的目的，通过人际交往或者社会交换表现出来的一种社会性行为，这种行为需要理性地去考虑（或者计算）对其目的有各种影响的发展因素。张兆曙（2004）⑥ 在对浙江省义乌市廿三里镇后乐村的案例分析中发现，在面对生存危机时，村民并不是固守土地以寻求其微弱的收益，明显是不属于"内卷化"（黄宗智，1986）⑦ 的范畴，而是采取"外向型"的策略，而这种生存策略背后的心理取向其实是农民的经济理性（张兆曙，

---

① 彭文平. 农民理性行为与农村经济可持续发展［J］. 江西财经大学学报，2002（06）.

② 郭于华. "道义经济"还是"理性小农"：重读农民学经典论题［J］. 读书，2002（05）：108-109.

③ 于建嵘. 集体行动的原动力机制研究——基于 H 县农民维权抗争的考察［J］. 学海，2006（02）：26-32.

④ 贺雪峰. 熟人社会的行动逻辑［J］. 华中师范大学学报（人文社会科学版），2004（01）.

⑤ Colenman, J. S. Collective Decisions［J］. Sociological Inquiry, 1964：36.

⑥ 张兆曙. 生存伦理还是生存理性——对一个农民行为论题的实地检验［J］. 东南学术，2004（05）.

⑦ 黄宗智. 华北的小农经济与社会变迁［M］. 北京：中华书局，1986.

2004)①。齐美胜（2008）指出从传统社会到现代社会，严格来说农民是村庄社会中的主要行动者，其利益的参与、安排和整合不仅是决定了村庄秩序的具体表征，而且也是实现村庄社会能够有序运行的主要动因。② 文军（2001）认为，农民外出就业的行为是一种社会理性选择。这种理性选择的逻辑顺序是：生存理性选择（生存原则）、经济理性选择（最优原则）、社会理性选择（满意原则）。③

纵观整个行动研究理论，可以用来解释村民的行为行动的有两种理论流派，这两种流派用来解释相关的行为都具有不可替代的作用。其中一种是"理性选择"学说，即科尔曼的观点，它着重于行为主体的逻辑思维，表明了行为主体在选择和使用目的（利益和情绪）时，会根据自己的利益（或资金）做出合理的决定。第二种是以斯科特为代表的文化流派，它着重说明了文化对行为主体的支配地位，认为行为主体未必是"算计者"，而是寻求利益最大化，东南亚"小农"正是这种行为准则的执行者。

三、村庄共同体研究

一是村庄共同体概念与特征的研究。涂尔干（2000）④ 认为传统社会是机械团结社会，具有高度同质性、认同感和归属感。现代社会是有机团结，个体意识不再被压制，个人主义成为主导型社会意识形态。滕尼斯（1999）⑤ 的

---

① 张兆曙. 生存伦理还是生存理性——对一个农民行为论题的实地检验 [J]. 东南学术，2004（05）.

② 齐美胜. 论村庄秩序的生成逻辑兼论村民自治的困顿 [J]. 内蒙古农业大学学报（社会科学版），2009（02）.

③ 文军. 从生存理性到社会理性选择：当代中国农民外出就业动因的社会学分析 [J]. 社会学研究，2001（06）.

④ [法] 爱弥儿·涂尔干. 社会分工论 [M]. 渠敬东，译. 北京：生活·读书·新知三联书店，2000.

⑤ [德] 滕尼斯. 共同体与社会：纯粹社会学的基本概念 [M]. 林荣远，译. 北京：商务印书馆，1999.

共同体中社会成员之间有共同利益、共同价值观和共同体认同。鲍曼 (2007)① 则强调共同体是一种几乎不可能实现的社会理想主义理论，这种社会主义拥有无懈可击的社会伦理、道德、责任和幸福等因素条件，能够实现哲学和社会学两个层面的自由性与确定性的完美平衡。马克斯·韦伯 (2004)② 提出家族共同体、邻里共同体、人种共同体等概念。黄宗智 (2000)③④ 提出，传统村庄拥有较为明确的居住界限，同时也存在一定的生产和消费界限，村庄拥有自己的自主能力，具有较高的自给自足性，基本上属于封闭、内聚、紧密的乡村共同体。功能视角的代表性理论范式，如施坚雅 (1998)⑤ 认为在传统乡村社会中，多个相邻的村庄形成具有较高自给自足性的市场共同体。斯科特 (2001)⑥ 在东南亚地区的理论基础上，从道德上提出了"道义小农"和"道义共同体"的观念，认为农村内部有"有产"与"无产"的农户，他们都是利益共同体，出于道义的责任和义务，有产者会在一定程度上帮助无产者度过相关的风险和难关。但是他所提出的"依附—庇护"的关系在中国的乡村社会几乎不存在，但是道义共同体概念的提出为之后的学者研究村庄社会提供了重要的假设参考意见。历史学家戴尔 (1994)⑦ 认为，生活在一个特定区域内的人们在形成的村庄共同体中有相应的权利，也有义务，有在组织中公共权力的形成，也有对上级机构集体义

① ［英］齐格蒙特·鲍曼．共同体［M］．欧阳景根，译．南京：江苏人民出版社，2007.
② ［德］马克斯·韦伯．经济行动与社会团体［M］．康乐，简惠美，译．桂林：广西师范大学出版社，2004.
③ 黄宗智．华北的小农经济与社会变迁［M］．北京：中华书局，2000.
④ 黄宗智．长江三角洲小农家庭与乡村发展［M］．北京：中华书局，2000.
⑤ ［美］施坚雅．中国农村的市场和社会结构［M］．史建云，徐秀丽，译．北京：中国社会科学出版社，1998.
⑥ ［美］斯科特．农民的道义经济学：东南亚的反叛与生存［M］．程立显，等译．南京：译林出版社，2001.
⑦ C. Dyer. "The English Medieval Village Community and its Decline" ［J］. *Journal of British Studies*, Vol. 33, No. 4 (Oct., 1994), p. 408.

务的承担。锡瓦斯（1958）① 也指出，中世纪的村庄共同体不仅是一个自然的共同体，而且共同体内的农民具有自己的权利和义务。赵杨（2015）② 从行政、立法和司法三个维度分析了西方中世纪民众对村庄共同体的参与，具体为村民选举村庄的管理人员，参与制定村庄的村规以及参与司法审判。陈立军（2011）③ 通过对中世纪西欧村庄共同体村规的研究发现，西欧中世纪的村庄已经孕育了现代民主的因子，诸如村民参与制定村规、民主投票和少数服从多数等。陈立军（2018）④ 认为，西欧村庄共同体是公共权力和集体承担公共义务的结合体。毛绵逸（2019）⑤ 认为，村庄是具有利益、道义和情感纽带的共同体，同时，他提出传统村庄社会到新中国成立再到改革开放后的共同体演变是从功能性共同体到结构性共同体再到功能性共同体的回归。

二是村庄共同体危机与困境的研究。许多学者就新中国成立后村庄共同体面临的危机和困境进行了研究。李培林（2002）⑥ 把村落从兴盛到终结的整个过程作为研究对象，在对广州市"城中村"进行实地调查的基础上，提出村落的终结势必要经历一个村庄各类产权重新界定和村民社会关系网络重组的过程。李培林（2010）⑦ 后来又对此进行了补充，提出了村落的终结还

① I. Chivas. Rural Communities: Problems, Methods and Types of Research [M]. Paris: UNESCO Publications, 1958, pp. 21~24.

② 赵杨. 庄官、村规和庄园法庭——中世纪村庄共同体的民众参与性 [J]. 黑龙江史志, 2015 (02): 20-21.

③ 陈立军. 中世纪西欧村庄共同体中的早期村规 [J]. 东北师大学报（哲学社会科学版）, 2011 (01): 79-83.

④ 陈立军. 公共权利与公共义务的结合——论中世纪英国村庄共同体的形成 [J]. 历史教学, 2018 (14): 11-18.

⑤ 毛绵逸. 村庄共同体的变迁与乡村治理 [J]. 中国矿业大学学报（社会科学版）, 2019 (06): 76-86.

⑥ 李培林. 巨变：村落的终结——都市里的村庄研究 [J]. 中国社会科学, 2002 (01): 168.

⑦ 李培林. 村落的终结：羊城村的故事 [M]. 北京：商务印书馆, 2010.

伴随着利益和价值的冲突。田毅鹏、韩丹（2011）① 提出，伴随着城市化进程的推进，城市"过密—过疏"的两极发展使得村庄面临矛盾冲突和利益重组的挑战，昔日的村庄共同体走向衰落是不可避免的。宋靖、杨善华（2005）② 实地调查苏南某村后认为，村庄公共权威经历了以"私营化"为表征的蜕变。郭明（2019）③ 以"村庄权力基础"与"市场力量嵌入"为分析框架，对传统农业型村庄与城镇化进程中的村庄进行了对比分析，认为村庄权力基础与市场力量嵌入使得村庄公共空间不同程度萎缩，但这不意味着村庄共同体的解体，当前应多途径营造"想象的村庄共同体"，舒缓村民与村庄之间的抽离并强化村民与村庄的内在联系。宋盼盼（2015）④ 认为，农村的现代化对农村共同体造成了多方面的冲击，诸如村民向心力弱化、村民民主参与程度降低、人才匮乏、公共基础设施落后等，农村共同体的建设要从文化、治理、经济、公共服务等方面扎实推进。汪宇晴（2017）⑤ 以湖北省 W 村为例，发现在工业化的冲击之下，W 村的共同体呈现出了衰落，主要表现为公共生活空间压缩、集体意识和村庄文化认同降低以及乡村舆论监督功能削弱等，并从公共经济生活、精神、伦理道德、社区基础设施等角度提出了乡村共同体建构的策略。周定财、孙羽（2016）⑥ 认为，新型城镇化背景下，村庄共同体面临治理主体发力困难，村治资源利用不足以及公共服务匮乏等问题，提出明确村委职能、村干部专职化、唤醒集体意识、鼓励干

---

① 田毅鹏，韩丹. 城市化与"村落终结"［J］. 吉林大学社会科学学报，2011（02）：11.
② 宋婧，杨善华. 经济体制改革与村庄公共权威的蜕变——以苏南某村为案例［J］. 中国社会科学，2005（06）：129.
③ 郭明. "想象的村庄共同体"：新时代村庄公共空间营造的一种构想——一个双案例研究［J］. 中国农村研究，2019（02）：183-207.
④ 宋盼盼. 村庄共同体视角下的新型城镇化路径思考——以晋城市乡村为例［D］. 天津：天津理工大学，2015.
⑤ 汪宇晴. 乡村工业化背景下村庄共同体的变迁——以湖北省 W 村为例［D］. 武汉：华中师范大学，2017.
⑥ 周定财，孙羽. 新型城镇化背景下村庄共同体治理转型研究——以江苏省 JT 村为例［J］. 中共福建省委党校学报，2016（12）：18-23.

部下乡、发展集体经济、充分利用既有人力资源、推进公共服务的城乡均等化等对策。党永芬、阿进录（2021）① 通过对一个土族村庄的人口、文化、教育、职业以及劳动力流动等方面的分析，认为土族村庄正在发生深刻变化，村庄人口呈现候鸟式流动，村庄的社会结构性意义正在弱化，但受传统习俗、道德观念以及现实利益等的影响，村庄依然具备利益共同体、文化共同体、治理共同体属性，当前亟待引导人才回流、培育高素质农民、促进农业现代化，探索农村治理新模式。张进宝（2021）② 认为，村庄共同体正面临成员流失、共同体意识消解、共同情感消失等困境，提出通过宗族文化嵌入激发村庄共同体活力。尤琳和王海涛（2020）③ 通过对 CJ 村以村委会为中心的差序式治理格局的生成机理与现实影响的分析，认为村庄治理陷入了差异化、碎片化、分散化的困境，提出了提高政府治理能力和扩大村民公共参与两方面的建议。

三是村庄共同体重建路径的研究。渠敬东（2012）④ 认为，项目制作为一种新的国家治理体制，改变了基层社会的纵向治理关系。成伯清（2015）⑤ 提出以权利制约权力、以功能替代等级、以道义整合利益，构建现代社会意象。狄金华、钟涨宝（2014）⑥ 将从主体到规则的转向运用到推动乡村治理研究中。杨郁、刘彤（2018）⑦ 通过分析在新时期乡村振兴的背景下国家权力重新融入乡村政权的合理性和必要性，提出解决当前农业治理

① 党永芬，阿进录．一个土族村庄的人口变迁及村庄共同体构建——基于青海省互助县五十镇巴洪村的调查报告［J］．民族学研究，2021（04）：89-95.

② 张进宝．宗族文化力量的嵌入：村庄共同体的再建研究——以山东 L 村张氏宗族修谱立碑活动为例［J］．农村经济与科技，2021，32（01）：211-212.

③ 尤琳，王海涛．厚植村庄共同体：对差序治理的逻辑考量与回应［J］．中国农村研究，2020（02）：244-260.

④ 渠敬东．项目制：一种新的国家治理体制［J］．中国社会科学，2012（05）：113.

⑤ 成伯清．社会意象与社会治理［J］．社会科学研究，2015（01）：109.

⑥ 狄金华，钟涨宝．从主体到规则的转向——中国传统农村的基层治理研究［J］．社会学研究，2014（05）：73.

⑦ 杨郁，刘彤．国家权力的再嵌入：乡村振兴背景下村庄共同体再建的一种尝试［J］．社会科学研究，2018（05）：61-66.

面临的村庄共同体困扰的方法，是用国家权力的力量将分散的农民重新凝聚到村庄共同体中。闫丽娟、孔庆龙（2017）① 提出村庄共同体重建的三种路径，即经济建设、服务建设与文化建设，通过这三种建设方式来满足农民对经济、社会服务和文化利益的追求，保护在市场竞争中处于弱势的村民，为他们提供基础的生活保障，提高农民对村庄共同体的认同和归属感。鲁明川（2013）② 提出构建村庄财富共同体、村庄治理共同体、村庄设施共同体、村庄精神共同体、村庄生态共同体"五位一体"的村庄共同体。李梦娜（2019）③ 认为村庄公共空间萎缩、乡村传统价值淡化、乡村社区认同消解等农村社会资本的萎缩与缺失是村庄共同体走向衰落的重要原因，在此基础上提出用社会资本来助推村庄共同体的重建。程军（2019）④ 认为随着城市化、工业化的迅速推进，乡村社区不可避免地逐渐步入了衰弱的地步，因此他提出可以从利益与情感两个层面入手，重新构建"多元一体"的新型村落乡村社区——多属性、拥有多重职能的村落乡村社区。陈野（2016）⑤ 则主张从文化治理的角度，发挥文化传承、凝聚、治理的功能合力共建城乡互动、融合、反哺的新型文化形态，从而达到构建村庄共同体的目的。田胡杰（2018）⑥ 对枫源村十年探索实践进行解读和总结：党组织引导村民有序参与的方向、"三上三下"保障村民有序参与的权利、"互联网+"畅通村民有序参与的渠道、三治融合规范村民有序参与的方式。

---

① 闫丽娟，孔庆龙. 村庄共同体的终结与乡土重建［J］. 甘肃社会科学，2017，（03）：118-123.

② 鲁明川. 村庄共同体视角下的农村现代化路径思考［J］. 天府新论，2013（02）：101-106.

③ 李梦娜. 社会资本嵌入：乡村振兴背景下村庄共同体重建的新思路［J］. 四川行政学院学报，2019（04）：54-62.

④ 程军. 共性引导与分类推进：新型村庄共同体的重构［J］. 云南社会科学，2019，（05）：37-44.

⑤ 陈野. "后城市化时代"村庄共同体重建的文化路向——以杭州市西湖区骆家庄为个案的研究［J］. 浙江社会科学，2016（05）：85-92.

⑥ 田胡杰. 有序参与、社区认同与村庄共同体再造［J］. 社会治理，2018（08）：25-33.

综上所述，国内外学者对村庄共同体的研究可以分为结构—功能范式、文化—心理范式、理性主义范式、历史主义范式。这些范式多是从社会学的视角展开，但是在城市化、工业化快速发展开始推动乡村社会转型的情境下，社会学视角和范式暗含着这样一种假设，即村庄会在将来面临共同体瓦解的危机是现代化进程所带来的自然结果，"村落的终结"成为这一判断的重要注解。基于我国村庄共同体演变过程，政治学者开始采用历史主义范式研究集体化时期的村庄形态，但是历史主义视角强调宏观制度的路径依赖，忽视了社会结构变迁下，农村社区在社会结构变化中的内在进化。本书从政治学的视角研究村庄共同体的演变逻辑，将自上而下的路径和自下而上的路径结合起来，一方面，从国家视角，研究村庄共同体演变的外部性因素，探讨国家制度变迁和基层政权建设对村庄共同体及其权力结构的影响；另一方面，深入村庄内部，从村庄内部挖掘影响共同体演变的因素，即村庄内部权力更替以及利益分配对村民行动的影响，旨在淡化国家与社会框架下的二元思维，在国家与社会互动的框架下研究村庄共同体演变的政治逻辑，对推动我国治理体系和治理能力的现代化建设具有借鉴意义。

第三节　核心概念界定

一、权力与利益

在社会科学领域的研究中，权力和利益是一个重要的命题。近现代以来，我国政治学者对这一基础性的研究课题进行了广泛的探讨。然而，由于这两个概念的通俗性和抽象性，以及学科和维度有所不同，权力和利益在应用层面往往具有完全不同的含义。为了更好地理解村庄治理中的"权力"和"利益"，有必要进一步界定和厘清这两个概念及其关系。

（一）权力

离开了权力就不可能有政治的存在，权力一直以来都是政治学研究中的一个核心内容。而对于权力的界定，《布莱克维尔政治学百科全书》写道："权力在本质上是有争议的……大多数的分析学者们也承认，权力一般是指一个行为者或某个机构能够影响其他行为者或其他机构的态度以及行为的能力。"① 中国的诸多学者对于权力的界定具有一些代表性，他们认为："某一主体在利用某种资源的基础上利用价值来控制其余的客体，以达到使客体改变行为服从自己的目的，或者使客体能够实现主体的意志、目标甚至利益的一种社会性力量和一种特殊的影响力。"② "运行的人可以凭借物质力量在社会有序的结构中对人实行精神性的强制的支配力"。③ 权力是社会科学研究的一个核心内容④，尤其是在合作情景的研究中，权力应该成为核心的理论⑤。依据内容和目的的不同，"权力"被分成了私权力与公权力两大类，并且存在和作用于人类社会的各个领域⑥。当前国内学界关于"权力"这一概念的界定有三种主流观点。一是权力即国家及其授权机关的权力。如南岭从产权的角度定义权力，认为"权力通常指某种形式的国家或政府产权"。⑦二是权力既包括国家权力，也包括社会团体的"社会公权力"。如姜明安认为，"权力是人类共同体为生产、分配和提供公共物品而对共同体成员进行组织、指挥、管理，对共同体事务进行决策、立法和执行的权力"。⑧ 三是权力亦是一种权利，公法规定的权利即公权力。如李会认为，"法学意义上的

---

① ［英］戴维·米勒，韦农·波格丹诺．布莱克维尔政治学百科全书［M］．邓正来，等译．北京：中国政法大学出版社，1992：592.
② 卢少华，徐万珉．权力社会学［M］．哈尔滨：黑龙江人民出版社，1989：20.
③ 李延明．"论人民主权"［J］．当代思潮，1994（03）.
④ ［英］伯特兰·罗素．权力论——一个新的社会分析［M］．靳建国，译．北京：东方出版社，1988：21-22.
⑤ NALBANDIAN J. Collaborative Public Management：New Strategies for Local Government ［J］．*Journal of Politics*，2005，67（01）：283-284.
⑥ 熊静波．法律"最小公分母"的证成——一个化简为繁的法律关系理论的内在逻辑及其意义［J］．法制与社会发展，2019，25（03）：73-88.
⑦ 南岭．私权的公权规制与公权的私权介入［J］．开放时代（经济社会版），1999（02）：73-78.
⑧ 姜明安．行政法与行政诉讼法［J］．北京：北京大学出版社，高等教育出版社，2007，4.

权力是指公法所确认的权利"。①

本书所研究的权力从严格意义上来说其实是某种私权力②，即控制资源的那一方能够使得需求资源的一方依赖于他，因此而产生的权力③。本书中所提及的村庄核心权力，主要指的是在村庄社会地位中所涉及政治、经济、文化等多个方面占据比例较大的阶级通过对其优势的挖掘和发展，提升了在村庄的社会地位，从而在公共事务活动方面，有着影响支配他人的能力。当然，在村庄中掌握相对权力的人只是极少数，并且其相对权力只留存于人民基层政府中。位高者掌权，即使是在社会等级并不森严的现阶段村庄体系中，村庄中的基层干部和村委会有权力对村民进行掌控和分配任务，掌控村内发生的各种事务，并且进行决策。

（二）利益

利益来源于西方史，出自拉丁文 interesse，后来演化成了英文 interest，词原意是"中间"，后来在语境中慢慢变化和引申成为交换不需代价的东西以及所得物中含有的成分具有某种价值或者可以满足某些需求。④ 利益驱动是推动社会发展进步的重要力量，一直备受人们的关注，无论是社会学、政治学、哲学还是经济学，都对利益问题进行了讨论。马克思主义认为，利益的产生和定义经历了"需求—劳动—关系"这三者之间环环相扣的逻辑过程，通过对人类社会进行深入仔细的观察之后，得出"把人和社会连接起来的唯一纽带是需要和个人利益"的结论。⑤ 法国哲学家霍尔巴赫认为，利益就是每一个人根据自身需要开始追逐能与自身幸福产生关联的客观存在，

① 李会. 舆论监督中公权与私权的冲突与平衡 [J]. 新闻传播，2002（04）：4-6.
② PFEFFER J, SALANCIK G R. The External Control of Organizations：A Resource Dependence Perspective [M]. Harper & Row, 1978.
③ 郑风田，程郁，阮荣平. 从"村庄型公司"到"公司型村庄"：后乡镇企业时代的村企边界及效率分析 [J]. 中国农村观察，2011（06）：31-45.
④ 王浦劬. 政治学基础 [M]. 北京：北京大学出版社，1995：50.
⑤ 马克思恩格斯全集（第一卷）[M]. 北京：人民出版社，1995：43.

"是提升幸福感必备的东西"。① 关系论者认为，需求或是幸福的满足并不是利益实现的目的，利益实际上体现的是一种人与人之间或者人与事务之间的满足一定特定关系的状态，将需求满足定义利益或者将利益作为人类的一种主观想象不符合利益的客观性。② 持需求利益同一说的学者认为，利益只是人们众多需求的一种，需求向外延续的东西要大于利益，利益实际上是需求在某些方面的表现。③ 王伟光认为，"利益实质是一种社会关系的体现和反映，是人与人间的一种利害关系"。④ 利益是与人类社会生活密切相关的根本问题，它不仅是人类社会生存发展的基础，更是推进社会不断发展前进的内在动力。⑤ 本书借助马克思主义的相关论述，从词源出发对"利益"的内涵进行思考：某种程度上，人为了生存、享受和发展往往希望得到某些东西，这种欲望形成了人们的利益兴趣和对利益的认识，成为主观层面上的利益⑥，即利益对于单独个体来说是主观存在的，也就是所谓的"我想要""我需要"。但是，"我想要""我需要"的对象却是具体的，是客观存在的，虽然这种"要"的对象既有精神层面的，也有物质层面的，但更主要存在于实物性的物质层面⑦。也就是说，利益有主观性和客观性两重内涵，是人出于自身的主观欲望需求，通过具体行动获得客观存在的"好处"，一般包含经济、社会和环境等不同层面的客观对象⑧。当某一件事物或相应的使用权利被大家迫切地想要使用，并且使用者能从中获取一定的好处，那么想要获

---

① ［法］霍尔巴赫. 自然的体系［M］. 北京：商务印书馆，1964.
② 陈新民. 宪法基本权利之基本理论（上册）［M］. 台北：三民书局，1992.
③ 张玉堂. 近年来利益问题研究综述［J］. 哲学动态，1998（04）：5-8.
④ 王伟光. 利益论［M］. 北京：中国社会科学出版社，2010：80.
⑤ 杨欢. 马克思利益理论的发展演进及当代应用［J］. 中外交流，2017（35）：10-11.
⑥ 陈庆云，鄞益奋. 论公共管理研究中的利益分析［J］. 中国行政管理，2005（05）：35-38.
⑦ 王秀敏，范继红. 利益内涵的多维解读［J］. 南通大学学报（社会科学版），2007（04）：30-34.
⑧ TSAUR S H, LIN Y C, LIN J H. Evaluating ecotourism sustainability from the integrated perspective of resource, community and tourism［J］. *Tourism Management*，2006，27（04）：640-653.

取这个物质的人们就会产生一定的竞争，这种良性或者非良性的竞争会给掌权者带来一定的影响和压力，从而影响决策的判断。

利益是体现社会关系的一个标准。在探讨利益的获得或实现时，不能离开社会背景和社会关系，而仅从政治主体的角度来构建利益的实现途径。由于利益的实质是需要，因此，需要的实现必然要在权力结构和权力主体互动中完成。把利益实现纳入权力的体系中，通过比较不同的实现方式与实现途径的博弈表现，可以看到利益实现的自利性与公益性，利益实现方式的有限性与利益需要的无限界限，在国家与地方的权力和自治权的斗争中，权力的强迫与维护并存。

农民利益近年来逐渐成为众多学科研究的课题，政治学者主要从基层民主和基层治理两个视角切入。农村政治研究经历了从民主问题向治理问题的转型。① 在探讨农民的权益的落实问题时，不能只看其完成途径，要充分考量其背后的社会历史背景、村落生态等，其实质是要满足各方的需要。而要达到这个要求，必须要在权力结构中去考察，把利益实现放在权力架构内，审视利益实现的可能性与实现途径的各种表现，可以看到在国家权力与自治权力的双重结构下，呈现出利益实现自利性与公共利益公益性、利益实现方式有限性与利益需求无限性、权力强制性与权利保护之间的矛盾相互交织。

二、村民行动

村民行动嵌入村庄的社会结构之中，深度刻画着村民个体与社会之间的张力，只有置于具体的历史记忆中去把握、研究才具有意义。② 本书所探讨的是一类以居住地域为基础，在特定地域居住，在村庄中占有一席之地的个体。他们曾经是农民，现在有很多不同的生活方式，比如：乡镇企业的工

---

① 曹海林. 村庄公共权力：村治研究的切入视角及其解说模式 [J]. 社会科学，2006（12）：77.

② 贺雪峰. 乡村治理的社会基础——转型期乡村社会性质研究 [M]. 北京：中国社会科学出版社，2003：149.

人，乡村教师，个体户，私营企业主，还有家庭妇女。本书旨在探讨农村居民在农村中的劳动与生活，并以其自身的社会行为为主要内容。

村民会按照自己的意愿采取相应的行动。他们能充分地根据自己的愿望进行工作，在行为的时候，他们的行为不仅体现了自己的意志和创造力，而且还受到资源和环境的制约，行为具有理智和情感两方面的特点。他们并非孤立的、千人一面的、原子化的个人，他们是有历史、有现在、有未来、各具特点、相互联系、生活在特定的村庄领域里的活生生的人，是西蒙提出的有限理性①的人。著者认为，在乡村居民的行为中，这种有限的理性是以环境的合理性为基础的。美国社会学家倪志伟提出，情境理性是指行动者的行动选择受到嵌于制度环境的成本与收益的影响。② 而本书所涉及的环境，既包含了历史环境、地理环境等诸多环境，也包含了个体的资源与社会资源。行为个体在一种资源环境下，通过计算成本和收入来决定行为。从实际情况来看，具有环境理性的劳动者在进行生产劳动时，会进行某种思维活动，并会做出比较合适的选择。在当时的情况下，这样的选择未必是最优的选择，也不一定是参与者满意的选择，但是它是一个合适的、可接受的选择。

当然，行动者的行动不但拥有理性的一面，还应该有非理性的另一面，即感性的部分。刘少杰认为，理性、非理性、反理性③等从西方舶来的概念并不能恰当地指代中国人的选择行为。在传统社会中，以土为本的中国人靠亲情关系、熟悉联系，行为方式的本质特点是感性化，不同于西方经济学中

---

① 美国社会学家赫伯特·西蒙系统阐述了有限理性的概念。有限理性是一种把决策者在认识方面的局限性考虑在内的理性选择观．这种局限既存在于知识的获得和拥有方面，也存在于认识主体的计算能力方面，因此人们在决定过程中寻找的并非"最优"的标准，而是"满意"的标准。

② 刘爱玉．选择：国企变革与工人生存行动［M］．北京：社会科学文献出版社，2005：59．

③ 在一般的意义上，理性最基本的含义是思维与行为的合逻辑性；非理性则指思维与行为的不合逻辑性，是尚未进入理性思维层面的意识活动，既包括无意识的本能，也包括表现为感觉、知觉和表象的感性意识。反理性仅指无意识的本能，是低于感性意识层面之下的心理活动。

经济人理性化的行动规则。在当代中国社会转型过程中，中国人的行动模式发生了变化，但也并不是理性选择对感性选择的替代，而是理性选择和感性选择共同发挥作用。①

在一些社会行为的理论中，行为主体行为的目的是其行为的构成因素。但是，由于三个理由，我们没有将这个研究对象纳入这个分析的架构中。首先，在特定的生存环境中，个体拥有共同的社会价值和文化目的，从而引导行为主体的行为。部分学者认为，社会的文化目的是为行为主体营造一个大环境，它的重点是约束行为主体自身的行为，以达到文化的规范和约束等目的。其次，就个人行为来说，不是每个行为都具有清晰的目的，人往往会先做出决定。目标的生成与实施取决于其所处的社会环境。所达成的目的在于其成果与作用，而非其理由。行为常常会带来意想不到的结果。简言之，行为主体的实际行为与行为目的没有直接关系。此外，行为主体的内在价值观、态度和认知能力等心理因素也被纳入行为主体的资源要素之中，对个人行为有一定的影响。

借鉴组织理论的成果，结合对经验材料的归纳与分析，著者认为影响个体行动者行动的环境因素包括制度环境、地理环境和历史环境三个方面。其中地理环境占比重较大，影响行动者的因素有孟德斯鸠所言"'土地贫瘠'使人勤奋、俭朴、耐劳、勇敢和适宜于战争……土地膏腴使人因生活宽裕而柔弱、怠惰、贪生怕死"②的地理环境因素；有孙立平的"过程—事件"分析方法，他指在面对问题的时候，不是从结构的角度去分析，将问题看作一个统一的整体，通过实践从整体出发，将问题中的社会事实看作是一个过程，强调通过对实践形态中的事件性过程的分析，来揭示社会事实背后的真实机制。③ 这是得到初步运用的"生命历程"研究范式，是从历史环境的维

---

① 刘少杰. 经济社会学的新视野——理性选择与感性选择 [M]. 北京：社会科学文献出版社，2005：90-96.

② [法] 孟德斯鸠. 论法的精神 [M]. 张雁深，译. 北京：商务印书馆，2004.

③ 孙立平及其同事运用"过程—事件"的分析方法做了一系列的实证研究，详见鹭江出版社 2000 年版《清华大学社会学评论》特辑中的一系列文章。

度对影响行动者的实践行动进行研究。

著者认为,贺雪峰所研究的社会关系用来解释村庄社会权力与利益具有较大的研究价值。例如,我国中西部地区的传统乡村经济发展衰退,在经济不断发展的背景条件下,基层干部以及其他掌权者对村庄的掌控能力会持续下降,不仅是经济条件起到决定性因素,文化、受教育程度、宗教信仰、地理环境等一系列因素都对村庄内部整体的事务抉择有较大的影响。村民日常生活中遇到不能够独立解决的问题时,基层干部,村委会等需要调动社会现有的可用资源,来帮助人民群众提高生活质量、生活品质,这就要求村庄内部应该团结统一,转型成为可持续发展的社会。这对我国现阶段大部分村庄社会体系来讲有着较大的挑战,仍需掌权者开展进一步的工作。研究农民行为,需要对社会制度的历史和变迁过程进行考察。因此,掌握"关键事件"是非常必要的,尤其是考察在我国的历史发展进程中政府领导的体制变化,可以帮助我们更好地了解其演进的原因。因此,了解各地区的人们的行为模式,需要引入"制度人"(苏江斌,2007)这一行动者"人性假设"。

三、村庄共同体

村庄共同体,也称村落共同体。其概念起源可追溯到日本,后经引入,应用于中国历史与乡村相关研究。在这个层面上,不少相关专家认为,中国村庄是将权力结构和宗教组织、信仰集中成一体;也有不少学者称,中国式村庄无明确分界线,整体较为分散、零碎,以家、户为独立个体,以自家利益为经营目的,从这个角度出发,权力基础主要形成于阶级,极不稳定,缺乏内聚力及内驱力。

近代,在差不多相同时间段,西欧不乏专家早早聚焦于村庄共同体的整体研究。从时间维度上看,可追溯至20世纪末,在危机四伏的资本主义世界的复杂大环境中,内外双重压力之下,《法国农村史》合时而著,应运而生。在这部著作中,法国经济史学家马克布洛赫,依托其独特视角和切入点,深度分析了乡村共同体形成的方方面面。于我国,则就此产生了两种有关建国道路的思路，著名学者费孝通开我国村庄研究之先例。西方学者同样关注我国村庄研究，正像马克斯·韦伯所说，中国乡村是一种自治又是防卫的结合体。塞缪尔·波普金的看法恰恰相反，他认为乡村是自由的，是开放式的，所有的农民都是"理性小农"，农民的出发点都是为了自己的私利，为了自己的利益，他们只负责自己的工作，而不会参加社区的任何集体活动。随着时代发展和对外开放，我国对外来相关研究进行有选择的借鉴和采纳，如在一段时间内，关注日本相关学者关于"村庄共同体""村落共同体"在本乡村文化中的适用性，并以此为新的起点，一步步转向本土的村庄共同体研究，如王曙光等学者对西方学者争论的地方适应性做出了一个假定式的答案，从而对农村社区中的个体和农村群体的利益做出了一个崭新的衡量，进而分析了农村社区中的政策选择的本质。

所谓的"共同体"可以大致分为结构性和功能性两种。其中，结构社区以社会各个因素的密切联系为基础，从而使得社区具有社区性质，具象化反映了社会组织的性质。村庄共同体的形成和建设，一直是动态发展的过程，受其内生秩序及国家行政权力的双重支配和影响。我国著名学者黄宗智在其著述中以小农的多面性及小农经济发展特性为要素，对国家政权在建设进程中遇到的各类问题及带来的影响进行综合考量，为研究小农与国家政权建设之间关系，提供了理论借鉴。诚然，村庄理论上可认为是具有封闭、内聚等特性的共同体。杜赞奇也在其著述中，从具体观点"中国国家政权建设的意识形态基础"出发，打破原易于忽略乡村中非正式网络问题的固化研究思维，强调村庄内外存在的各种多样化联系。此网络，更能展现出中国农村所特有的开放性。施坚雅的"基层市场共同体"观点，对自然村落与政府乡镇的划分超出了一般人的思维，并且进行了全新探索。张静的研究切入点，超越了国家政权建设理论研究对我国权力偏重的倾向性，在《基层执政：农村体制诸难题》中，她将理论重点集中在农村社会发展与体制建设研究层面，并以政治社会学的全新视角，即近代农村中建立的基层政权对于当代农村及整个社会的整体发展与变化作为自变量，再次聚焦村庄与社会。党国英也曾把土地、宗教和政权等多种要素作为村社共同体研究的重要影响因素，从微观结构的角度去分析研究村社组织：一方面，分析多种因素综合影响的整体性、权威性结构；另一方面，它也属于以农业生产为第一要务的村社共同体。黄平在相关研究上也提出了全新观点，认为我国在进行乡村建设与发展的整体过程中，从来都不太注重"公共性的维度"层面，反而过度关注了"经济维度"，忽略基层大众的社会认同感、安全感以及大众内驱力的调动和挖掘，在这个层面上来看，明显忽视了乡村社会的整合功能。总之，以学术界为代表的各界都清楚地认识到了社会与地理空间的关系。著者则是从意识的角度来看，村庄共同体重视人与人之间的密切联系，产生一种共同的、深刻的归属感。在最少的外部干扰和习惯的影响下，各种因素之间相互适应、协调、稳定，这就是滕尼斯对"共同体"的定义。

第四节　研究思路与研究方法

一、研究思路

本书以山西 Y 村这一村庄为研究对象，从"权力—利益"关系与村民行动关联的视角，分析在权力支配与集体利益建构、利益诱致下的乡村权力弱化、权力更替中的利益争夺以及国家权力下沉后的村庄共同体重塑四种关系模型中，村民的行动表现，以及村庄共同体呈现何种样态，以此来揭示村庄共同体演变的政治逻辑，进而探索重塑村庄共同体、进行有效治理的现实路径。(图 1.1)"权力—利益"的关系是否一致，直接决定了各类社会主体的利益分配是否均衡和农民权益能否得到保障，进而决定了社会治理的成效。当权力和利益呈现负反馈效应时，即权力运作带来公共利益的增长，并最终实现权力的制约时，村民容易形成有益于村庄共同体稳定的积极行动：反之，当权力和利益呈现正反馈效应时，既没有带来公共利益的增长，也没有提升权力的运作效能时，村民行为往往会成为村庄共同体的不稳定因素。

一是从"权力—利益"互动关系变迁的视角，分析案例村不同时期的权力运作导致利益分配格局发生了怎样的变化，以及由此带来的村庄共同体样态变化和村庄社会治理的成效。"权力—利益"关系模式的不同，直接导致了占有、使用和分配资源的方式不同和农民权益变化，所呈现出的共同体样态就会不同。不合理的"权力—利益"关系必然会造成各个社会主体利益分配失衡，与之相伴的是村民的经济发展权、生态享有权、社会保障权、文化传承权、政治参与权等权益全面受到损害，最终导致村庄治理陷入危机。

二是从村民行动的角度，分析随着权力的弱化和空转，利益分配失衡导致干群矛盾、乡村矛盾、村"两委"矛盾、村民之间矛盾等，多重矛盾之间有不同程度的交织，且因此在政治、经济、文化、社会、生态等方面造成了对村民利益的严重损害。村民由于缺少表达诉求的渠道，只能采用正式的非正式的、合法的不合法的，甚至是暴力抵抗的方式维护自身利益，而村民利益不仅没有在村民的不断争取或抗争中得到保护，反而逐步被吞没，村庄共同体最终被撕裂。

三是从"权力—利益"关系现状出发，探索重塑村庄共同体、实现村庄有效治理的现实路径。全面推行村党组织书记"一肩挑"的制度安排，是重塑村庄共同体的最优路径。通过国家权力的下沉来化解村庄长期形成的村党支部和村委会之间的权力分化、对抗的局面，在治理有效的目标下整合乡村各主体利益，尤其是引导村民与基层政府、村治精英、社会组织、企业等多元主体围绕乡村振兴形成合力，共同参与到乡村建设当中，培育村民的积极行动意识和行动能力，发挥"权力—利益"反向运作的负反馈效应。

二、研究方法

（一）社会观察与参与相结合的方法。著者对案例村的调研采用社会观察和参与相结合的方法，在调研过程中，一直居住在村庄农户家中，对村庄的日常有了直观的感受，这为著者能够参与村庄的活动以及对农民开展访谈

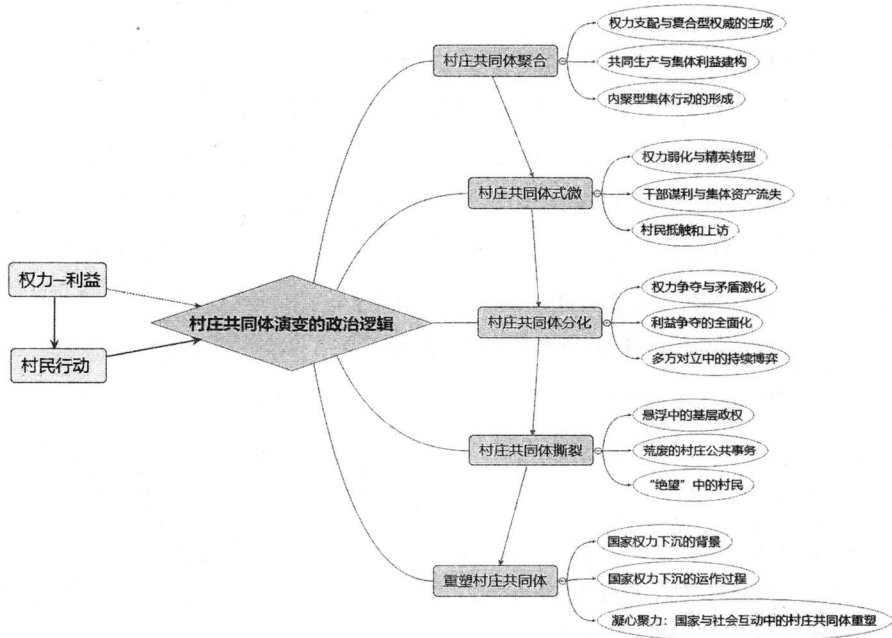

图1.1 本书的研究思路与结构

提供了便利。村庄或乡镇有会议召开的时候，著者都作为列席人员参会，乡镇布置给村庄的任务，著者也会尽自己的力量帮助村干部完成。2020年下派干部入村后，著者和他一起到村入户做访谈，了解村庄的党员和群众对村庄干部的期望以及对村庄发展的想法，遇到村民有矛盾需要调解、有困难需要帮忙时也和下派干部一起协调解决。2021年的换届选举，从候选人推荐会议到支部选举再到村委会选举，著者都作为会议工作人员全程参与。通过详细描述、驻村调研，充分挖掘和整理第一手资料，同时积极参与乡镇和村庄的日常工作以及换届选举工作。从观察者和参与者的视角，分析"权力—利益"与村民行动对村庄共同体变迁的影响，探索村庄共同体的演变逻辑。

（二）个案研究法。本书选择一个村庄为样本，运用案例的方式进行了实证分析。尽管案例分析方法在代表性和解释力上存在着诸多争论，但是它是深入农村进行深入调查的最佳途径。从宏观角度对中国农村进行考察，其价值在于两个层面：其一，案例分析最显著的特征是对农村问题的深入化。对于个案而言，只要能够集中体现某一类别，不论这个类别覆盖范围怎样，就具有了研究意义。① 其二，个案的研究方法能够使研究者对研究对象的所有信息进行研究和分析，尤其是展示特定研究对象背后复杂的社会结构及其内在机理，具有生动性和鲜活性。本研究以山西省运城市夏县的 Y 村为个案，分析了 Y 村从集体化时期至今不同时期"权力—利益"互动关系的状态、村民的行动表现以及由此形成的村庄共同体样态。

（三）理论研究方法和实验科研相结合。在经济理论研究上，运用了博弈论、治理理论和公共利益论等对不同状态的"权力—利益"关系对村庄治理的影响进行研究，以农村政治科学为依托和基础，扩展其理论和方法论，在实证分析上，通过采取问卷调查、深入访问和典型案件追踪等方法，实时地、广泛地收集第一手材料。

（四）比较研究。运用比较研究的方法分析"权力—利益"关系在不同的模式下对政府、企业、村治精英、村民之间的利益分配格局，对农民群众的权益变化，及对村庄社会治理的影响，揭示不同的"权力—利益"关系模式对村庄共同体和农村治理秩序的重要影响。

第五节　案例介绍与研究创新

一、案例介绍

案例村 Y 村位于山西省南部运城市夏县。夏县历史悠久，是中华文明的发祥地之一。据县志记载，7000 年前，境内就有人类群居繁衍。4500 年前，"禹践天子位于安邑"，城址即在今禹王城，全县为京畿地。战国时，禹王城

---

① 狄金华. 被困的治理：河镇的复合治理与农户策略［M］. 北京：生活·读书·新知
三联书店，2015：41.

又系魏国都城。北魏太和十八年（494年），迁县城于今址，因系夏禹古都而得名，迄今已有3000余年历史。《史记》记载，商、周、秦、西汉时期，禹王城即与长安、邯郸、淄博齐名，为全国四大名城之一，是政治、经济、文化中心。

奴隶社会第一个王朝——夏禹之子启建都于夏县，因而才有了夏名。《中国通史简编》载："启放弃阳翟，西迁到大夏，建安邑。"① 也是从此开始，我国出现奴隶制，并设立了君主。

夏县，物华天宝，人杰地灵，古老而文明的黄土地孕育了无数的历史名人。嫘祖养蚕始于西阴，大禹治水"三过家门而不入"，皆为古人传颂至今。商代杰出的父子名相巫咸、巫贤；春秋时割股奉君的名臣介子推；东晋声蜚古今的书法家卫瓘、卫夫人；唐代威震边关的名将薛嵩；宋朝著名的政治家、史学家司马光；明代诗人王翰，教育家归阳等，都在这块富庶的土地上，留下了让人难以忘怀的光辉形象。

图1.2 夏县区位图

---

① 范文澜. 中国通史简编［M］. 上海：新知书店，1947：102.

　　夏县为革命老区，有着光荣丰富的革命传统。在第一次国内革命战争时期，就有孙雨亭、冯彦俊、李子和等一批志士仁人，率先加入了中国共产党。当时，本县党员之多，居河东地区之首。在第二次国内革命战争时，本县成为晋南党的活动中心，嘉康杰、柴泽民、金成庚等老一辈无产阶级革命家，带领晋南人民，不怕流血牺牲，前仆后继，积极配合中国共产党领导的八路军，艰难地开辟了革命根据地。在后来的抗日和解放战争中，夏县人民也是浴血奋战，英勇杀敌，为中国人民的解放事业作出了巨大的贡献，同样也作出了巨大的牺牲，先后有嘉康杰、杨德山、梁福才等1258名烈士为国捐躯（占全区烈士的三分之一）。新中国成立以后，著名摄影家侯波，电影导演李俊，音乐家樊步义，美术家张映雪、邵仲节，林业劳模刘清泉，全国人大代表、农民科学家冯宏章，全国优秀军队转业干部陈德明，全国农机先进工作者、农机公司经理边清秀等脱颖而出，犹如熠熠生辉的时代新星，照耀着禹都大地。

　　夏县有山有川，山川秀丽，文物胜迹，比比皆是，是天然的旅游胜地。夏县素有"林海"之称，相传嫘祖教民养蚕于此，是时桑田遍野。解放后，四旁绿化和园田林网化多次受到国务院和林业部嘉奖，在国内享有盛誉。现有林地面积55万亩，四旁植树3268万株，林木覆盖率为27.8%，木材蓄积量140万立方。凡慕名而来的参观者无不赞赏这里"山山青且秀，处处绿荫浓，分明是林海，何处有村庄？"

　　Y村村庄名称的由来。有传说，禹王城是夏国和战国时期魏国的首都。当时，Y村一带是将领们居住的地方，"尉"即官名，"郭"在古文有"城墙"的意思，也就是指尉官居住的城郭。后来，随着时代的迁移，此地居住的人家越来越多，逐渐形成了村庄，故有此名。① 这块土地是青龙河冲积出的一块小平原，土地肥沃，物产丰富，人民勤劳。Y村是一个较大的行政村，自古以来，该村就以农业为主。按地形特点，全乡可分为丘陵和平川两个耕

---

　　① 夏县地方志编纂委员会．夏县志［M］．北京：人民出版社，1998.

作区。丘陵地区复播指数一般在 40% 左右，平均单产在 225～275 公斤。平川地带，土地平整，土质优良，地下水位浅，水质好，渠灌、井灌都很发达。种植作物与丘陵地带基本相同，瓜菜面积较大，复播指数一般在 80% 左右，平均单产 350～450 公斤。Y 村是中国革命老区，在抗日战争、解放战争、抗美援朝战争、土地革命运动中，英雄的 Y 村人民作出了巨大的贡献。自 1932年，就有地下党员在 Y 村活动。1933 年，宁毓俊同志率先发展冯英同志加入党组织，并建立了 Y 村第一个党支部。1937 年 5 月 Y 村第四高小成立"夏县学生抗日救国会"。1938 年接收一批积极分子入党，组建了党支部，加强了对新党员教育，提高了党员素质。他们积极收集敌方情况，向上级党组织联系汇报，发动党员减租减息、焚烧契约活动，散发传单，宣传党的方针政策。抗日战争胜利后，支部教育党员提高认识与国民党反动派继续斗争到底。总之，各项对敌活动，为 Y 村党支部发展壮大奠定了坚实基础。到 1939年，在宁毓俊同志的领导下，Y 村党支部已壮大成为拥有几十名党员的夏县先进党支部。

20 世纪 50 年代，人民公社的成立，大幅改造了村庄权力结构和分配方式，Y 村党支部成为领导村庄各项事务的核心力量。在村党支部和村庄权威干部的带领下，村民战山滩、保浇田，开展了轰轰烈烈的农业生产。在保证农业生产任务完成的同时，Y 村还结合村庄人多地少的情况发力发展副业，村庄副业遍地开花。在分配方式上坚持按劳分配，公平公正，创新各项激励机制激发村民积极性，同时兼顾对村庄困难群体的社会照顾。村庄经济的繁荣与集体利益的建构促进了村庄共同体的聚合。全体社员群众在支部书记和18 个队队长们的带领下，积极参与到生产生活中，村庄形成集体认同的利益共同体，这一时期的村庄可以用"辉煌"二字来描绘。

家庭联产承包责任制实施后，乡镇权力"悬浮"的状况下，由于缺乏完善的制度监督机制，人民公社解体后村庄精英开始向谋利型转变。集体时期的生产队长在支部书记调任后，成为村庄权力的中心，随着个人权力的集中和利益的诱致，在干部权力的运行下，村庄集体资源不断流失。干部变卖

"种子公司""乡镇政府大院"等事件引发了村民的不满和抵抗，主要表现在两个方面：一是当集体资产流向村干部个体企业后，村民采取"再穷不进厂"的态度来表达自身对干部独权的不满；二是村民对"乡镇府大院"的变卖采取的是上访告状以及打官司，村民与乡镇政府对抗，状告乡镇政府变卖原本就是本村村民无偿提供给政府办公的场所。在这场"民告官"的官司败诉后，民心逐渐离散，一部分村民选择离开村庄，外出寻求谋生的出路，留下的村民则选择继续上告，在村民土地权益逐渐缺失而得不到解决的情况下，村民对村干部的信任被瓦解，村庄共同体由此开始式微。

21世纪初，乡村治理中的"精英"权力因村民自治制度的发展和不断完善而面临严峻挑战，在针对土地权益缺失的抗争中，带领村民一起告状的"上访派"逐渐成为村庄权力的另一个中心。尽管集体化时期的老干部这一时期依旧对村庄有着较强的影响力，但是随着村民自治的实行，选民将选票投给了带领村民一起上访、"至少不会变卖村级资产"的G某。新的村庄权威逐渐登上村庄舞台，在新旧权威权力的争夺中，"上访派"成功当选，改变了村庄权力格局。之前的干部在这一时期成立了自己的公司，后将法人转给其子。企业支部通过发展党员再转回村的方式争取村庄党支部的决策权，在村庄各项资源的争夺中，新旧权威之间的矛盾被彻底激化，村庄陷入了长达十几年的"两委"矛盾和派系斗争之中。双方就入党资格、土地资源和项目资源展开了激烈的争夺。村民在企业征地铲除麦田事件中，将长期的愤懑都释放了出来。村庄矛盾在这一时期被彻底激化，村庄共同体分化。

村庄长期的派系斗争使村庄成为"一潭死水"，老百姓称之为"政策春风吹不到的地方"。基层设施无人建设，历史遗留问题无人解决，企业出走，村庄项目无法落地，基层政权"悬浮"，村庄公共事务荒废，各项工作在进入村庄的时候遭遇重重阻隔，这些都是双方长期对立、党支部和村委会矛盾引发的村庄困境。村民小组也由于两派的斗争而产生了"再分化"。村民对干部和村庄失去了信心，甚至陷入了"绝望"，村庄共同体被撕裂。

"两票制""两推一选"以及"一肩挑"是为了解决党群、干群关系的机制创新，是基层组织建设在村民自治的特殊制度背景下的伟大创举，在前期的探索与实践中，均取得了良好的效果。十九大以来，为进一步强化党中央对全国农业工作的全面领导，"一肩挑"政策由地方探索变为国家制度层面的安排。这对于解决村庄派系斗争激烈、矛盾突出等问题具有重要意义。基层县级党委、政府在村庄党支部人选上下足了功夫，通过对全县干部进行深入调查、综合研判、精准施策，选派纪委监委人员入村担任村党支部书记，同时提供各项政策倾斜、项目支持帮助其在村庄树立威信。在2021年换届中，下派干部高票当选为村党组织书记，新任党组织书记所采取的一系列强有力的措施，如加强支部建设，实现从组织涣散到组织聚力；制定村庄各项制度，实现村务管理；成立合作社，带领村庄走上产业化道路等，让村庄重新焕发生机，凝心聚力重塑了村庄共同体。

二、研究创新与不足之处

（一）研究创新

本书试图从村庄共同体出发，系统研究"权力—利益"互动关系与村民行动的相关性，从而呈现出村庄共同体的样态，找到凝聚村庄内部力量和外部力量的因素，使内外互动形成一个合力，进而为乡村治理提供借鉴。党的十九届五中全会，对我国的社会治理提出了新的要求，促使我国的治理水平尤其是农村基层的管理能力有了显著的提升。目前，农村是我国基层治理薄弱环节，建设农村社区是提高农村建设的重要环节。

首先，过去的制度研究，从国家的角度来看，仅仅注重村庄的经济效益、资源的浪费、生产安全、利益的分配，而忽略了农村的主体——农民的利益。本书从政治社会学、经济学、历史学、人类学的角度出发，对我国的制度进行了探讨，分析"权力—利益"关系模式与农村发展之间的关联度，探索理想的"权力—利益"关系模式，探索在"权力—利益"共同作用下，村民行动会受到何种影响，以及村庄共同体呈现何种样态，并试图探索村庄共同体的理论体系，拓宽政治学研究视野。

其次，本书试图从农村和农民利益出发，从政治社会学、经济学、历史学和人类学等多种学科的不同视角，比较分析不同模式的"权力—利益"互动关系以及村民行动对村庄共同体的影响，运用治理共同体理论、公共利益论、乡村治理理论、博弈论、制度变迁理论的基本框架进行实证研究，在系统论述案例村"权力—利益"互动关系的演变、不同的"权力—利益"关系模式形成的不同村庄格局的基础上，分析"权力—利益"互动关系以及村民行动与乡村治理之间的相关性，探索重塑村庄共同体、实现有效治理的现实路径。

最后，本书试图建立一种分析机制，从"权力—利益"的视角研究村民行动的生成机理和行动逻辑，对村庄共同体的演变进行研究。根据案例村的所搜集的一手资料，将农村社会中的行动者置于特定的历史背景和环境中，探讨"权力—利益"如何互动的条件下，村民采取行动的影响因素、在过程中实际采取的行动以及这些行动导致的结果。

（二）不足之处

本书通过山西省夏县 Y 村的个案研究，全面展示了村庄"权力—利益"关系下村民多采取的行动以及村庄共同体的形态，探讨了"权力—利益"关系与村民行动以及村庄治理的内在关联，尝试重塑村庄共同体的研究。作为一种基于个案研究的理论探索，本书也存在一些明显的不足。

其一，研究方法的不足。本书是对山西省夏县 Y 村进行的个案调查，采用的是田野调查方法，主要依靠对村民、村干部、乡镇干部、县级干部的访谈等方式获取相关信息。由于年代久远，加上受访者记忆局限，访谈资料难免会有遗漏，这对全面、完整地把握村庄共同体的演变逻辑带来一定不便。同时，受调研对象和调研难度的限制，对于上访纠纷中所获得的事件信息缺乏具体生动的细节，在一定程度上影响了对逻辑理论的深入研究。

其二，研究视角存在一定的限度。本案例的研究采用了外来者视角进行，著者作为一个外来者到村庄进行田野调查，尽管在村调研期间一直居住在村民家中，但是由于时间跨度较大，以及村庄发展有多条主线，著者受时

间和视角的限制，没有充分重视其他影响乡村管理的因素。所以，这一次的
实验仅仅是一个初步的尝试，它的解释性还有待于理论和实践的验证，并且
还有待于进一步改进和完善。

第二章

权力支配下的利益建构与积极村民：共同体聚合

新中国成立后，国家出于建设基层政权的目的，以农村土地集体所有制为核心集体化生产、集体化生活，整合社会资源，很大程度上完成了政权关系对传统社会血缘关系以及地缘关系的取代，通过社员身份构建了村民对于公社的认同，强化了国家汲取能力、动员能力和整合能力。但集体制是在自然村落的基础上建立起来的，"三级所有，队为基础"的制度形式并没有完全改变小农的本质，"分工挂帅""搭便船""爬梯级""负攀比""损公肥私"等现象导致集体制内部始终存在离心的倾向，成为瓦解共同体的潜在力量。① 在人民公社后期普遍出现"搭便车"的情况下，Y村却能够很好地解决这一问题，主要原因在于，与全国大多数村庄不同，Y村通过权力的公共性运行、集体利益的增进、公平的利益分配和完善的福利供给，建立起村民与公社的紧密联系，缓冲了公社与村民、公社与村庄的张力。

第一节　权力支配与复合型权威的生成

政治问题在于怎样才能创造出一种公众力量，即怎样才能造就一位能够控制和使用它的人。君主确立自己的统治，第一步是明确权力的来源和以一

---

① 张乐天. 告别理想——人民公社制度研究 [M]. 上海：上海人民出版社，2016：315-316.

种稳固的方式进行权力更迭。权力的合法性和权力的变迁都与权力的生成有关。它的本质和构成是由它的生成或者说它的源头所决定的，而这又反过来又会对它的执行起作用。权力是由特定的授权过程生成的，而权力的赋予与权力的制约相适应。所谓权力来自谁的授予，就对谁负责，即谁授权谁监督。

一、三级体制与国家干部

新中国成立初期，国家通过制度建设和政治动员来实现对农村基层社会的整合，其中村级组织的建设就是自上而下的政权建设。1958 年，实行人民公社化以后，各个公社都成立支部，各个生产队都成立相应的支部。到了1960 年前后，各生产队中已普遍成立了农村党支部。不论是农业集合化时期还是后来的人民公社化时期，国家都通过人民群众公区、工业生产队伍、工业生产队三个组织，以及通过各级党组织书记把其方针政策渗透到了每一个农民和社员群体之中，从而完成了对整个农村社区的全面覆盖，确保了整个农村能够不断地把所有资源运到县城和建筑工地，为社会主义建设提供资源保证。

在中国共产党的领导下，农村进行了土地改革，从最初的劳力互助会发展到初级合作社，再到后来的高等合作社，最终形成了由集体合作社统一管理的局面。1958 年，全国开始推行人民公社制度，实行"三级所有，队为基础"的方针，即以一个生产组为单位，始终按照"独立核算，自负盈亏，按劳分配，多劳多得"的原则。夏县 90 个高级社合并为 5 个人民公社，实行"政社合一"，把原来的高级社改为管理区，生产上实行大兵团作战。收入扣除各项费用，剩余部分30%按人头分配，70%实行工资制，同时推行行动军事化，生活集体化，吃饭食堂化，小孩幼托化。[1]

在农业合作化浪潮中，1956 年 6 月，夏县废除了 1953 年实行的区乡制

---

① 夏县地方志编纂委员会．夏县志［M］．北京：人民出版社，1998：86．

度，废区并乡，60个乡合并为21个乡，1个镇。① 城关镇1个乡镇，包括YG在内的21个乡。1958年，21个乡1个镇合并为6个人民公社，Y村属于城关人民公社，公社下辖生产管理区。1958年11月，夏县和闻喜县合并，城关镇人民公社改称夏镇人民公社。1961年5月，闻喜、夏县分县，6个公社分为15个公社，Y村归YG公社，村庄是公社所在地。村级组织主要有党支部、生产组织和管理委员会，在Y村，生产组织和管理委员会是一套人马，两块牌子。

（一）党组织的权力来源

Y公社是一个平川老区，全社2600户，18个生产大队，80个生产队，18个大队党支部（抗日战争时期成立4个党支部，解放战争和土改斗争时期成立8个，合作化运动中成立6个）。全社的农村党员在1949年之前入党的就有101个，占党员总数的41.2%，合作化运动时期的1958年以前入党的96个，1958年以后入党的43个。Y公社和全县各个公社一样，对党建工作都十分重视，党的队伍不断壮大，1964年农村党员已占人口总数的1.68%②，党的组织在全社18个生产大队组织中，基本上形成了领导核心。

组织发展是党的建设的重要环节，Y村党支部在1958年至1959年隶属夏镇人民公社党委，设支部书记1人，支委成员5人；1960年至1983年隶属YG乡人民公社党委，设支部书记1人，支委成员10人。在政社合一的体制下，中国共产党的国家权力通过大队党支部直接深入村庄，开始统一管理人们的生产和生活。村干部权力的来源受先天因素（即出身贫困且没有政治历史问题）和个人努力的影响，除此之外，当然也离不开上级部门的赏识。Y村是乡镇最大的村，同时也是公社所在地，乡镇人民公社党委在征求社员群众意见基础上，在对村庄精英人员进行摸排的基础上，经过多方研究讨论最后将目光确定在Z某和L某身上。支部书记Z某20世纪40年代就参加县

---

① 夏县地方志编纂委员会. 夏县志［M］. 北京：人民出版社，1998.
② 夏县档案馆，YG案卷目录表，卷宗，74. 关于YG公社建党工作考核表，1964.2.26—1964.8.30.

武工队，历任班长、排长，1943 年加入中国共产党，在军分区的庆功会上曾获"特等功臣"和"战斗英雄"的称号。1949 年任司令部特务连指导员，曾参加解放太原、西安等战役，随军南下进四川任六十二军一八六师政策研究室副指导员。20 世纪 50 年代复员回家，在唯政治为重的年代，他的战斗英雄荣誉就是政治资本。当时农村基层党支部急需一名有魄力的带头人带领村庄发展，公社干部经过多番考察，大胆提出由复员回家的 Z 某担任 Y 村党支部书记。在职期间，Z 某同志坚持村庄党支部建设和农业生产两手都要抓，提升了党支部的战斗力，掀起生产的高潮。从第十二届支部开始，重点开展党组织建设。一加强支部建设，教育支委团结一致，起到带头作用，搞好各项工作。二抓党员的党课学习，提高党员共产主义觉悟，使党内增强了团结性，在社会主义建设中起到骨干作用。三抓全面思想教育，通过广播、文艺活动，利用红白大事、建设喜庆大事的各种场合，教育群众遵守公德，爱护公物，维护团结，拥护党的领导，树立文明村风，并制定了村规民约教育群众，尊老爱幼。既抓好的，树立典型，立为榜样，使群众学习有方向，追赶有目标。另外，也敢于批判处理教育差的、坏的，由此 Y 村建立起文明先进的新村风。1968 年，Y 村党支部被评为省级模范支部。

（二）生产大队的权力来源

生产大队和生产队都成立了管理委员会，管理委员会的人数根据队型大小和工作任务大小确定，一般是：生产大队，百户以下的，由七至九人组成，一百户到二百户的，由九至十一人组成；二百户以上的，由十一人至十三人组成。① 生产大队任命的大队长和副大队长也兼任着管理委员会的正、副主任，主要负责主持全面工作。在管理委员会的统一领导下，各委员会分工管理大队有关生产、财务、畜牧、水利、林业、治安、民政、文教卫生等的工作。规模在 300 户以上的，大队统一核算的，可以根据需要设财务、生产、畜牧等股。生产队由 5~7 人组成。队长、副队长同时也是管理委员会的

---

① 夏县档案馆，YG 案卷目录表，卷宗，67. 中共晋南地委农村工作部关于生产大队、生产队的组织机构、人员设置和干部报酬的意见，1962.

主任、副主任，全面管理队务。生产大队和生产队还设立监察机构。生产大队成立监察委员会。监察委员会的人数，在100户以下的大队，3~5人组成；100~200户的，由5~7人组成；200户以上的，由7~9人组成。生产队也可根据规模大小，分别设立监察委员会或监察员进行监察工作。一般20户以下的，只设1个监察员；20户以上的，由3人组成监察委员会。在生产大队和生产队监察委员会中，设主任、副主任1~2人，负责做好监察工作。Y村生产大队由7人组成，队长、副队长、财务、生产、副业、林业、治安股。队长和副队长同时也任管理委员会的主任、副主任。

　　L某是Y村的主任。与村党支部书记Z某不同，L某是穷苦人家出身，家境贫寒的他过早地体验到生活的艰辛，作为家里的长子，从小就学会帮家里分担农活，由于勤学苦练，在农活上刻苦钻研，成为村里种地的"一把好手"，一直是生产队的劳动模范。在担任小队长时，能够很好地完成生产队的工作，指挥社员种地，同时又比较热心，愿意调解村民之间的各种矛盾，在社员心中比较有权威，能服众。"L队长精明能干。他当队长的时候，我们队一直就是18个小队里的第一名，大家都愿意跟着他干，种地行家，还经常给我们传授他的一些种地技巧。"1958年L某在十七队担任队长，在农业生产上的爱钻研也让很多人都对他竖起了大拇指，同时他又能处理小队和村庄各项事务，因此也赢得了村庄多数人的信任和支持。L某和Z某相比，年龄较小，20世纪60年代后期开始在大队担任副主任。他们坚持支部建设和生产活动有机结合，带领社员群众展开了热火朝天的生产建设。

　　村党支部坚持组织建设和生产运动有机结合，一是领导上全面分工。大队6名支委，宣传队4名正、副队长，除第一把手全面负责外，3名支委、2名副队长分管运动；1名副支书、1名副队长分管生产，由12人组成运动生产领导班子，分工合作，各有侧重。研究、布置、检查、总结工作时，统一进行，不顾此失彼。二是力量上合理调配。宣传队员和大队干部分工包队，既管运动，又管生产。生产队政治队长、贫协组长、团小组长主管运动；生产队长、畜牧队长、妇女队长主管生产，有分工，又有协作。积极分子根据需要统一研究调配使用。如查账人员，白天工地需要就到工地测量计算，晚上回来继续查账。党、团骨干分子既是革命的闯将，又是生产的尖兵，哪里需要到哪里，统一由领导组研究解决。三是时间上科学安排。根据这个大队是联村队的特点，一般大会少开，除 2 次必要的大会占用下午时间集中开以外，其余 7 次小会都在晚上集中或分散进行。群众会也不是天天晚上都开。能在工地开的，就不在村里开，能分散开的，就不集中开；通过少数人能解决问题的，就不召开群众大会。

人民公社化时的体制下，党的领导，特别是党委书记或支部书记掌握着一方的至高权力，但他们的权力是"有上"的，支配地方社会变迁的实际权力是中央。① 高度集权使村庄的掌权者有较高的社会地位和个人威望，这与其权力结构和权力来源密切相关。新中国成立后，中国共产党领导工作始终坚持马克思主义基本原理的指导地位不动摇，坚持人民民主专政，开始实行以公有制为主体的社会经济制度，从根本上打破了乡村社会群体的阶级局限，传统的士族、乡绅的精英地位被取代，贫下中农不再是被剥削的阶级，其地位逐渐上升，成为乡村社会权力的掌握者，广大农民政治参与主体地位得到重新确立，在村庄各项事务的处理中获得了主动权。

二、集体领导与合作管理

集体主义是一种以集体为核心，以集体与个人之间的联系为基础的价值观；和集体主义不一样，个人主义者更注重以自我为中心。② 在集体中，个人怎样形成集体行为、集体意识等问题往往是必须面对的问题。中国的乡村集体制度以组织与财产权为中心，以乡村党组织为载体基础。③ 农村干部通过自身的能力和权力的运作，实现村党组织对农村社会的政治管理、利益分

① 张乐天. 告别理想——人民公社制度研究 [M]. 上海：上海人民出版社，2016：181-182.
② 刘波. 当代中国集体主义模式演进研究 [D]. 上海：复旦大学，2011：9-10.
③ 陈家建. 多样的现代化：一个苏南村庄的"集体主义"史（1950—2017）[M]. 北京：社会科学文献出版社，2019：17-21.

配等职能，可以说，基层干部是维系村庄集体凝聚力的关键因素。概而言之，村级组织的权威领导与各项制度是集体主义得以形成并存续的关键所在。

　　通过一种规则将一盘散沙的村民纳入村庄制度中，使自由散漫的村民按照一定的规章制度去行动，就必须要有一个强有力的、权力集中的权威性组织。中国共产党依靠武装夺取了政权，将权力渗透到村落的细枝末节，同时提出支部建在连上，全面掌握乡村的权力。村党组织十分重视党组织内部的整顿，重视组织发展工作。在集体化阶段，以生产队为基本的会计单位，要真正地执行好政策，并在广大的人民中实行巩固和发展，要做好人民工作，就得增强党组织在基层的领导能力。按照积极审慎的原则，在软弱的生产队中，发展党员是一个非常重大的问题。因此，党支部经常研究薄弱队的建党工作，由党支部的书记亲自抓党建工作，委员齐动手。老支部书记 Z 某个人能力较强，L 某阶级成分良好，Y 村在他们的带领下，坚定地执行党的路线、方针、政策，坚持党的一元化领导。就如老干部 L 某在访谈中谈到的那样，"我始终站在运动的最前面，一心一意为村庄发展。党指向哪里，我就奔向哪里"。针对有的生产队党员 10 多个，有的生产队才一两个这些问题，从十二届党支部开始，认真学习毛主席关于建党的理论，认真回忆总结了这两个生产队的情况。第五生产队共有党员 11 名，除了在大队企业单位的 6 名党员外，生产队还有 5 名党员。在三大革命中，他们都是出色的先驱和模范分子，所以生产和革命的形势总是很好的，粮食上"纲"，棉花过"江"，样样工作都走在前头。而第十生产队只有 1 个党员，政治工作开展不起，粮棉产量也是"桌子底下放风筝——上不去"。整党建党后，党支部注意在薄弱队发展党员，积极在生产队发展党员，加强了党对农业生产的领导。全队 443 亩小麦亩产达 304 斤，比上一年增产二成多，还被评为公社小麦生产模范单位。1970 年，党支部先后在 4 个薄弱队发展了 5 名党员，18 个生产队，队队都建立了党小组，大队一级举办的畜牧场、配种站、保健站、农具修配厂等企业单位，也都是党员干部担任着主要职务，从而在组织上加强了党对农业生产的领导。

为了给无产阶级事业培养接班人，加强党的一元化领导，Y村党支部注重建设老、中、青三结合，密切联系群众，团结战斗、朝气蓬勃的领导班子，特别重视从工人中选拔优秀分子到各级领导岗位上来。他们在各生产队贯彻民主集中制，强化群众集体带领，搞好"群言堂"，不搞"一言堂"；搞"五湖四海"，不搞山头主义。同时，充分发挥党支部的领导核心作用和贫下中农的骨干带头作用，并发挥共青团、妇联、民兵等组织协同作战的作用，发动组织群众。通过不断改进村各级干部作风，坚持干部参加生产劳动的制度，加强了党在农村社会的领导地位，同时也巩固了干部在村民心中的威望。

党组织是中国农业社会的最高领导核心，而人民公社党组织和大队党总支则是现实大权的最高掌控者。村党小组在公社组织的统一带领下，实施对村庄的管理。因此，党支部的发展离不开公社党委的统一指导和约束。公社党委作为高一级组织，坚持以建党工作为公社党委会议的议事日程，公社每季度要学习和研究一次建党工作和建党工作的指示；组织委员除搞好本片工作外，可以在全社进行流动检查；每月要召开一次大队组织委员会议，研究、汇报与布置组织工作，公社还要进行不定期的评比，训练建党骨干。为不断提高他们的思想水平和工作能力，公社在每年5月下旬，用两天时间，把大队建党骨干进行一次集中训练，主要是学习上级党委的建党精神和做好建党工作的具体方法；公社党委参与包片的同时，搞好本片的建党工作是自己的责任，同时要汇报建党工作和全面组织工作。除此之外，公社要求有发展党员的大队要及时建立积极分子档案，对积极分子要普遍进行一次具体审查，并分工包干，确定专人管下来，做到"一杆子插到底"。在各项工作中，都由党委书记"亲自挂帅"，在不同时期有不同的"中心工作"，比如农业生产、思想教育、计划生育等具体工作，均有分管委员负责，党委或支部尽力配合。

村庄建立了财务制度，实行民主理财，社员是集体经济的主人。在大队党支部的领导下，大队、生产队建立了民主理财组。大队由财经主任、经营管理主任、会计、妇联、社员代表5~7人组成。生产队由财经队长、会计、社员代表等3~5人组成。每月25号前进行一次理财活动。检查本月的收支情况，研究下月的工作。每月3号前将活动情况月报表及月审表送交信用社。对于生产队的钱、物、账等的分管也有相应的制度，对于经营过的单据、账簿、报表、生产计划和财务计划、基本情况统计表册妥善保管，不得失散。其保管年限是：（1）原始凭证和记账凭证保存15年；（2）总账、明细账和各种登记簿保存15年；（3）会计月报表保存15年；（4）社员股金账和固定财产账永久保存；（5）会计年报、决算分配方案和账本情况统计表永久保存；（6）会计移交清册和会计档案销毁清册保存15年。保管年限应由所属会计在年度终了后的第二年1月1日起计算。超过保管年限需要销毁的，要经过审查批准。会计档案由大队统一保管。各大队、生产队都建立了财务监督委员会和财务监督小组。大队一般有由财经主任、贫协、会计、青年、妇联等5~7人组成的监督委员会，生产队一般有由生产队长、贫协、会计3~5人组成的监督小组。

这一时期，共产党掌握权力的集中是任何其他政党无法比拟的，这源于党组织的阶层分明和纪律严明。党的组织原则是"下级服从上级，全党服从中央"。党中央通过严明的纪律约束和强有力的组织系统迅速而有效地贯彻党在农村的各项路线、方针和政策，推动农村社会的全面发展。"支部建在大队"是党中央对广大乡村社会的领导和控制。因此，从农村社会的各个层面来看，公社党委和村党支部掌握着至高的权力，支配着农村社会的发展和变迁。

三、模范带头与复合型权威

在农村社会，干部的权威是权力的合法化，同时更意味着村民对干部的尊重、信任、肯定和服从。就权威的合法性基础而言，根据韦伯的定义，可划分为基于法律规范、合法程序与理性秩序的法理型权威，基于世袭的法则和神圣传统的传统权力，以及以非凡的个人魅力与卓越才能的卡里斯马型权威①。用这种形式作为标准来观察，支部书记书 Z 某是从新中国成立至今，大家心目中公认的好支部书记，由于工作积极，表现良好，从村党支部书记，先后被提拔为公社副书记、县委常委。他显然符合法理型权威的标准，他的权威与权力来源于国家赋予他的合法地位，也来源于村民对这一位支部书记的认可与信任，是一种自上而下的赋予和自下而上的复合型权力。最主要的是干部能吃苦，苦活累活永远冲在最前面，一心为村庄发展做奉献。可以说，干部的威严来自他们对村庄事务的全面管理，也来自他们对自身权力的约束，在带头人的带领下，班子成员对自身都是严格要求。正如毛泽东所说的"政治路线确定之后，干部就是决定的因素"②。那个时候，班子成员也都能为老支部书记分忧。比如，分配东西如果遇到不好分配的情况，支部书记和班子成员都会主动领取稍差的那一份，而需要付出劳动力的时候，他们总是干在最前面。"有一年抢种麦时，大队 Z 某书记到公社参加电话会议，散会已经是半夜十二点了，别人都以为他忙了一天又开了半夜会，应该在家里休息了。不料他又摸着黑回到队里，喊来邻近的几个小队队长，并叫他们连夜召集起了社员群众。原来他听到气象预告明天下雨，回村后，点着马灯和干部社员又连夜抢种了几十亩小麦。第二天果然下了小雨，雨前种的麦正适合农时。"③

　　大队干部是村庄生产发展的带头人，Y 村经济的快速发展是发挥干部带头作用的结果。支部书记 Z 某个人能力强，素质高，在村庄事务的处理上有一颗公心，无论家庭内部还是家族之间、村民之间的事情，他都耐心地去调解，在村民中的威信很快就树立了起来。"当时支部书记 Z 某真是个能人，集威严和柔情于一身。在村庄大事上，能果断决定，他的决定往往都能让人

---

① ［德］马克斯·韦伯. 经济与历史支配的类型［M］. 康乐，等译. 桂林：广西师范大学出版社，2004：31—68.

② 毛泽东选集（第二卷）［M］. 北京：人民出版社，526.

③ 来自村民张某的访谈。

们信服。当然，除了需要拍板的大事，村子里最多的就是家长里短的琐事，如夫妻闹矛盾、邻里有纠纷，这在村庄都是最常见的。每次遇上小队长们调解不开的事情，就都闹到老支书的院子里，那时候干部也就只有吃饭的时候在家，非饭点也都在村庄地里忙。有一次，小两口闹矛盾双方气呼呼跑到支书院里，老支书光着袜底就跳下地，让家人添两副碗筷，把还在气头上的男人拉到炕边，拿出柜里珍藏的一点酒，将他奉为座上宾，先吃饭，再说其他。本来来告状的女人拿着碗筷也不好意思在全大队人都尊敬的老书记家里说自己小家里的那点事。很多邻里矛盾也一样，老支书总能柔和地化解，他经常讲，全村每个人是什么性情，他都清楚，一说纠纷所在基本就能猜出来谁是谁非了。而在闹纠纷的邻里中，他总是先批评那个厉害的人，由于有长辈和年龄的优势，也没人敢顶嘴，然后再批评另一方几句，有时候就直接裁断官司了。他的裁断也没有人提出异议，因为他有一颗公心，一直都是站在各方的立场上考虑，当然有时候也会稍微偏向弱者一点，但大家也觉得很公平，没有人反对。后来很多老人时隔多年再回忆起那时候的老支书，都感谢他当时在处理矛盾纠纷中发挥了黏合剂的作用。"①

费孝通先生提出，"公社制度之所以能被中国农民接受，并运行20多年，其原因在于作为核算基本单位的生产队的运行有着传统大家庭的影子。家长做主，统一指挥，有福同享，有难同当"。② 支部书记Z某就相当于村庄这个大家庭中的大家长，在村担任支部书记的时候，干群一条心，Y村各项事业得以快速发展，当时是县级、市级领导观摩的示范点。

一个干部的尊严来源于他们对团体的全身心投入，以及对自己、家人、亲戚的严格要求。当时，村支书一家子，还有一些亲人，都主动帮着他分担一些事情。碰到不好分配的事情，村支书和他的亲人都会选择比较差的那些份额。而劳动工作的时候，却是要冲在最前方。"我叔叔当时跟我们讲，大队会计带他们去三门峡出差，吃饭时，心想：'出远门啦，该改善改善，美

① 来自村民冯老师的访谈。
② 费孝通. 行行重行行 [M]. 银川：宁夏人民出版社，1992.

美吃上一顿。'可是，老会计从大街上买了三分钱青辣子，二分钱盐面，吃着自家带来的馒头，喝着白开水，五分钱三个人吃了两顿。当时，大队院子里有一架葡萄树，是副业股长同志亲手栽，亲自担水浇。1969 年，当这架葡萄树结下第一串葡萄时，大家都想该让老股长尝第一颗吧，然后包括老支书在内，大队干部没有人吃一颗，而是送给了第十三生产队卧床不起的五保老人、贫农老大娘。此事可见当时大队干部一心为公的精神。"① 有团结群众的干部带领，全体村民"战天斗地"，造就了村庄经济的兴盛，为村庄发展积累了宝贵的财富。

村庄发展劲头十足，干部的权威也逐渐树立起来，他们坚持参加集体生产劳动的制度。大队支书、主任每年补贴劳动日 110 个，会计补贴 120 个劳动日，其他干部实行误工补贴，最多补贴不得超过 100 个劳动日，大队和生产队干部的补贴工和误工补贴工，总计不得超过全大队劳动日数 2%。队干部要和社员一样评工，要领着上，带着干，和社员一起同起五点半，同吃田间饭，同搞加班干，社员群众还将这个总结为"早起五点半，田间两顿饭，晚上加班干"的口号。坚持干部参加生产劳动。给大小队干部定出勤日；让支、革委干部去小队兼职；干部劳动公开记工，同社员一样定期公布。由于大队主要干部参加了劳动，确实站到了第一线，不仅带动了广大群众，重要的是掌握了领导生产的主动权。

根据区委的指示，领导干部要坚持从事集体生产，这是一种有利于克服官僚作风、反对修正主义和独断性的制度。从大队书记到各小队干部都挤时间和社员一起劳动，通过劳动，和群众的心贴得紧了，对农业生产的"气候"也摸得准了，群众对干部也信任了。在支部书记的带领下，村庄干部坚持和群众一起劳动。"大队副业股长 H 某，先后三次为集体投肥 140 平车。大队第四队长 N 某，不顾父亲阻拦，把已送到自留地的 30 平车猪粪，拉出来交给集体。在其带动下，全大队两天，社员从自留地拉出 600 车猪粪交给

---

① 来自村民张某的访谈。

生产队，连同家里的肥共投肥1500大车。后来大队还和周边村子结成'对手赛'，每人投肥都在80平车以上。退休干部H某挖尽家里肥，带领孩子挖垃圾坑，筛灰土，先后交肥50平车，干部带了头，群众有劲头。全社生产队，结成56个'对手赛'，12个大队结成一个'对手比'，涌现出150个'十净'投肥光荣户。全社呈现出一个队队搞积肥，户户争投肥，七找八挖寻门路，你追我赶争上游的积、投肥竞赛活动。"①

总体来说，在这一时期村庄党组织是Y村的领导核心，也是权力运作的核心。党支部是村庄多年来唯一的政治资源，公社党委通过多方考察为村庄选拔了两名优秀的干部，他们通过自身的能力、无私奉献、长者威严等素质，以及上级党委的支持和认可，将村庄各项事务处理得井井有条，得到了上级党委和村民的一致好评，增强了村庄的内向力，激发了村民在农业生产中的积极性。Z某处于村庄权力的核心位置，在农村的"熟人社会"他通过自己名声和地位就能很好地处理一些村庄秩序问题，维护村庄社会的和谐稳定。他的威信也逐渐树立起来，这也是他个人声望地位和社会地位的价值追求。诚然，村党支部在村庄治理中的威望地位并不是一朝一夕就能树立起来的，是制度性和习惯性再加上村支部个人的魅力在农村社会的延续反映。

第二节　共同生产与集体利益建构

Y村自古就以农业为主，人民公社时期，全村共有土地9056亩，主要分为3种类型，其中南面有2600多亩的丘陵山地，北面有1400多亩的盐碱滩地，中间是5056亩平坦耕地。为了改善农业生产条件，Y村党支部书记G某带领全体村民，以"愚公移山"的革命精神，打坝造田，修山治坡，大搞农田基本建设，并针对村庄土地的性质和特点，开展了一场"南战山，北战

---

① 来自Y村村民郭某的访谈。

滩，中间扩大保浇田”的战斗。

一、战山滩、保浇田，发展农业生产

（一）战山滩、保浇田

针对村庄自然条件的特点，开展“南战山，北战滩，中间扩大保浇田”的战斗。“村庄北边有一片盐碱地，年年治，年年不彻底。通过不断学习请教，我们找出了原因，是水的问题没有解决。于是干部深入发动群众，推广了一字井的办法，用上压下排，抽甜水压碱水的方法，变荒滩为良田1400余亩。全社4000余亩荒地当年共增收粮食33万斤，棉花33000多斤。”除了战山战滩，还不断扩大保浇田，1973年在大旱的情形下，Y公社夺得了棉花亩产194斤，粮食亩产达纲要的好收成。1972年，全大队共交售粮食195000斤，超额810000斤完成征购任务。当年储备4万斤，加上历史共85000斤，户均近千斤，公共积累提存占收入，社员口粮420斤，比上年度增加50斤。人均分配水平120元，比上年提高35%”。

从“备战、备荒、为人民”战略方针出发，在抓棉花生产过程中开展路线教育，社员群众为革命夺取棉花丰收的积极性越来越高，有力地保证了全社棉花大面积丰收。但夺取棉花大面积丰收的过程并不是一帆风顺的。根据以往的实践，社员群众发现每年三伏都是“卡脖子”大旱，对夺取棉花丰收威胁甚大。而这个时期又正是棉花生产的关键季节，因而抗旱浇水显得十分重要。因此，在全面分析了困难条件和有利因素，总结经验的基础上，队长带领群众大干苦干，以“人定胜天”的英雄气概战胜干旱，夺取棉花丰收。他们发动群众，依靠群众，打响了抗旱浇水的人民战争。在这个过程中他们采取了5条措施：（1）引导群众总结历史经验，认识抓水抗旱的重要性、必要性和可能性。（2）用典型引路，大讲干部带头，全面动手，抓水抗旱，夺取棉花高产、稳产的经验。（3）算账对比，帮助干部和群众在困难面前看到成绩，看到光明，增强抓水抗旱的自觉性，树立抗旱夺丰收的信心。（4）落实“一包、三保、五专”的具体措施，一包是公社干部包大队，大队干部包小队，小队干部包井台，以井为组，开展竞赛；三保是保重点，保面积，保指标；五专是成立领导抗旱的专门机构，组织抗旱专业队伍，抗旱专用物资，抗旱专用资金，抗旱专用肥料和农药。（5）召开会议，层层发动，调动千军万马，参加抗旱战斗。"当时的社员群众都是汗往棉花上流，水往棉花上浇，劲往棉花上使，肥往棉花上施。天不降雨人降雨，抗旱抗到棉丰收。"

在社队干部的带动下，全社 2000 多人投入了抗旱，掀起了抗旱的热潮。为解决电力不足的难题，照明线路全部控制，加工厂用电一律放到夜间，把电力集中使用。为了方便群众，有力抗旱，拖拉机站和机械厂组织两个机修小组，巡回在田间地头。银信、供销社等单位，都深入抗旱第一线，调查研究，解决问题，送货上门。生产队的干部和社员为了多浇一亩地，争分夺秒抓水源，做到深井浅井同时开，机井电井一齐上，各种机具全开动，白天晚上都不停。全社开动深井泵 92 台，潜水泵 18 台，柴油机 155 台，拖拉机 16 台，共用柴油 40 万斤。广大干部和社员群众就是这样，以"敢擒龙王斗倒天"的英雄气概，抓水浇棉，奋战干旱，用大干战胜了大旱，征服了自然，夺得了棉花丰收。为了加快速度，采摘棉花，做到丰产丰收，朵朵不丢，大队还开展"社会主义劳动竞赛"和奖励劳动模范的活动，充分调动了广大妇女的社会主义革命积极性。广大妇女热情高，干劲大，你追我赶，苦干巧干，互不示弱，争先恐后地采摘新棉。大队女共青团员 W 某，早出晚归，不休息，双手采摘，吃饭在田间，一天摘花 335 斤，创造了全社每日采棉的最高纪录，受到了广大群众的赞扬。广大妇女在社会主义劳动竞赛中发扬了大寨人的精神，苦干加巧干，胜利完成了全社 780 万斤籽棉的采摘任务，使全社棉花实现了丰产又丰收。

（二）大力发展农业生产

人民公社人力多、资金多、土地连片，更有利于农田基本建设以及农业机械化。在生产大队的带领下，社员群众以"愚公移山"的革命精神，打坝造田，修沟治坡，大搞农田基本建设，先后修建了 300 多亩大寨田，初步改变了生产基本条件，粮食亩产逐年提高，1973 年达到了人均生产千斤粮，对国家贡献由每年两三万斤增加到八九万斤，社员口粮由二三百斤提高到500斤。在此同时，他们遵照毛主席"一定要有储备粮，年年储一点，逐年增多"的教导，按照《农村人民公社工作条例（修正草案）》（《农业六十条》）① 的规定，本着丰年多储、平年少储的原则，从1964年开始，坚持储粮十年，备战备荒。

除此之外，大队坚持自力更生、勤俭办社。大队能够连续12年分配兑现，一条主要的经验，就是坚持了"勤俭办社"的方针，既抓"勤"，又抓"俭"，做到增产增收。1972年，各项费用只占总收入的28%，始终坚持中小农具以自修自造为主；肥料以农家肥为主；牲口以自繁自养为主；集体修建以自烧砖瓦，自栽树木为主；生产资金以自积自筹为主。一切建立在自力更生基础上。

表 2.1　1972 年生产大队生产情况表②

	生产队数	总户数	总人口数	整半劳动力	耕地面积	粮食总产量（万市斤）	每亩产量	棉花总产量（万市斤）	每亩产量
公社合计	81	3391	17523	7775	32121	829.7	354	51.2	69.7
Y生产大队	18	665	3397	1507	5056	168.3	374	11.6	84.9
占比	22%	20%	19%	19%	16%	20%	105%	22%	121%

大队加强对粮食储备的管理，认真做好清工、清账、清库工作。对于社员的工分，通常进行一次认真清理，张榜公布，凡少记、漏记的，当即弄清原因，给予补记；对重记、多记、冒记要坚决去掉。集体财务收支方面，对

---

① 《农村人民公社工作条例（修正草案）》（1962年9月27日，中国共产党第八届中央委员会全体会议通过），简称《农业六十条》。

② 夏县档案馆，YG案卷目录表，卷宗，67，中共晋南地委农村工作部关于生产大队、生产队的组织机构、人员设置和干部报酬的意见，1962.

于现金、粮食、棉花、油料以及其他农、林、牧、副等产品收入和支出，都必须逐项审查清理清楚，向群众公布。对于账上的漏记、错记要纠正过来，对于不合理的开支，特别是因新建大舞台，挥霍浪费，对国家贷款不还，欠机耕费、电费不交，社员分红款不兑现还向社员按人头分摊款等错误做法，严肃对待，认真解决。对于集体欠社员，社员欠集体，集体欠国家的经济往来关系要查对清楚，处理好。对国家的农业税必领按时交纳，对国家贷款、机耕费、水电费等都要积极归还。对于集体所有的固定财产，要进行盘点，做到账实相符。

1972 年，Y 公社成立了农机管理站，为农业发展提供了硬件支撑。计划、劳动、财务、机务等管理，都定有一套完整的规章制度：机具维护，贯彻"防重于治，养重于修"的方针，机具管理实行责任制，做到"机车有档案，出车有记录，消耗有定额，质量有验收，任务有奖惩"。农村实行生产责任制以后，农机的经营形式也随之由国营、社营变成了重点户、专业户的个体经营。县农机服务中心组织管理人员和技术人员，深入到经营农机的个体户进行具体指导，并及时总结经验，在全县范围内推广。

二、抓副业、重商业，壮大集体经济

人民公社化在初期的优势是"一大二公、政社合一"。大即社员多、规模大、人多地多、资金充足。一个公社包括几千户甚至几万户，在人多力量大的情况下，开始综合经营工农商学兵、农林牧副渔等。这些都能够将人、财、物集中起来，便于发展大规模的生产计划，并且能够在大范围内开始全面规划，还能够结合当地水平充分合理利用。Y 村就是在发展农业的基础上，空出多余的劳动力来发展副业，将社员的积极性都激发出来，让每个人都有充分工作的空间。

为了贯彻毛主席"以粮为纲，全面发展"的方针，公社党委一边继续大抓基础的农业生产，一边开始狠抓林、牧、副、渔的生产。生产大队和生产队都设立有 1 名副队长，用来专门负责副业生产规划。在领导副业生产中，他们充分调动广大群众的积极性, 采取一般号召和典型示范相结合的方法, 搞好副业基地, 培养副业样板, 树立各行各业的旗帜, 开展专业性的小型观摩活动, 传播技术, 交流先进经验。同时, 根据不同地区、不同条件, 提出不同要求, 采取不同措施, 实行分类指导, 抓好薄弱环节, 特别是对于人均收入在 30 元及 20 元以下的生产队和遭灾歉收地区, 固定专人, 驻队帮助, 采取有力措施, 大力加以扶持, 抓好当前收入。Y 村人勤劳智慧, 使得村庄副业遍地开花。我们 Y 公社地处夏县盆地, 人稠地窄, 历来有 "女人浇园, 男人跑外" 的习惯, 小商小贩, 小手工业比较发达, 漏粉条, 做豆腐, 旋棒杆等, 不下 10 多种。这里曾流传着这样的顺口溜: "大台小台靠碱滩, 十有八九会熬碱。""Y 村好走手, 九十九家买豆腐, 跑商意, 抓现钱, 自行车蹬得欢。"除此之外, 有一些村民生产粉条、制作糕点, 还有村民从事木器加工等, 主要加工桌、椅、板凳、床、柜、箱等 10 余种, 产品销往豫晋两省。

在发展经济的过程中也曾遇到一些难题。"社员群众一般都会做木工活, 有些户就利用劳动时间做了不少门、窗、桌、凳拉到集上去卖。这在别的村, 是不敢这么做的, 怕被扣上重副轻农的帽子, 也担心影响了农业生产。我们大队党支部书记多次在大会上讲到, 要积极办好集体经济, 在集体经济占绝对优势的前提下, 可以利用剩余时间和假日, 从事政策规定范围内的家庭副业生产, 这才是正当的家庭副业。"在 "以农为主, 全面发展" 方针的指导下, 各个小队都加强了对农、林、牧、副的全面领导。如三小队, 办起了草帽、机械、副业加工、铁木业等厂子, 做到了 "三不争"(不与农业争劳力, 争时间, 争资金), "三服务"(为国家建设服务, 为农业生产服务, 为社员生活服务), 有力地支援了农业生产。正是村庄带头人的正确引领, 全村农业、副业都出现了一派大好形势。从 YG 公社各村农业收入分配资料中得出, Y 村在 20 世纪 70 年代生产队核算单位 18 个, 参加分配的人口数有 3318 人, 大队和生产队年底账面的储备粮就有 6320 斤, 副业收入 30561.36 元, 占总收入的 6.47%, 远远高于周边村庄。

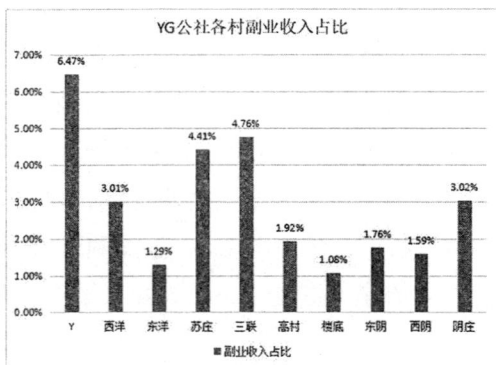

图 2.1 1972 年 YG 公社各村副业收入占比图①

村庄副业的发展，离不开夏县的各项支持政策。农村的副业主要是以商品化为主，是否能够适时地把副业的产品买下来卖掉，用以促进副业的发展，至关重要。为此，各级供销、商业、外贸和农业、林业、手工业等有关部门，根据面向农村、面向农业、面向农民的精神，积极组织和扶持生产队，发展副业生产，改进收购方法，宣传收购品种、价格、规格，实行到村、到队、到户，既购又销，又买又卖，按质论价，把生意做活，多方面便利群众出售。同时，要主动开拓市场。对供不应求的商品，要采取薄利多卖，对进货价高的，进行适当的调节。如果有太多的业务，那就尽量减少，尽量安排生产和销售。凡是因经营不当而造成亏损的商品，都会通过购买和销售，来提高产量。减少成本，推动副食品的持续发展。同时，还对生产队和广大成员进行了大力支持，使他们的副业得到了发展。主动对生产队和社员特别是贫困组和贫困、下中农进行技术、资金、设备等方面的支持。由农业银行和信用社解决资金困难问题；林业部门对群众上山采集给予方便；商业供销部门提供技术、设备支持等。

除此之外，在国家经济、技术的大力扶持下，Y 村还建有一个饲料加工

---

① 夏县档案馆.YG 案卷目录表，卷宗，98，农村人民公社收益分配，1972. 4. 15—1974. 8. 30.

厂和长毛兔养殖场，村庄的养兔能手 F 某成为养兔专业的"土专家"，多次到县级、市级参加养兔工作会议并在会上传授养兔经验，养兔技术的不断推广促进了养兔副业的快速发展。

政社合一的公社制度将资源、人力整合起来，对全体公社的生产进行统一计划和安排，最后由生产队实施。按照公社设置，生产大队由 18 个生产队组成，每个生产队由 80 到 100 户组成，每个生产队的负责人基本都是本队人员，因此，以生产大队作为核算单位的运行机制，使集体和生产队都具有极强的凝聚力，Y 村在集体化时期呈现了前所未有的繁荣景象。当时，Y 村副业规模大、类别多，集体收入排全县第二。村里有机械厂、豆腐坊、粉坊、砖瓦窑、酿酒厂、糕点加工厂；街道有缝纫、理发、铁木业加工。当时大队资产有 1 辆马车，8 头骡马，1 辆汽车，4 辆拖拉机，4 个脱粒机，6 台锄草机，8 台发电机。村民有养猪、养鸡、养鱼、养海螺的；种植有苹果园、桃园，还有 1 个农场实验示范基地。为鼓励社员发展家庭副业，生产队还把占总耕地面积 5% 的土地划给社员作自留地。"人民公社化时期，周边村有拆除祠堂、庙宇等社内公房，无偿占用农民房屋、农具的情况；有的把社员的自留地、毛猪收归食堂所有；还有的把村里的强劳力调到外地炼钢铁、修水库、挖鱼池、盖礼堂、建大楼等。这些都影响了社员的积极性。我们村却能够在年景不好的时候还有粮食吃，当时周边村许多社员吃不饱肚子，就用瓜菜代替粮食，还有的饿死了。我们从一开始就是在村级支部的带领下，制定计划，根据村庄人多地少的情况，大力发展副业，用副业带动村庄的发展。""在全县范围内，一提起 Y 村人，人们都会说，你们家大业大，要办啥事儿都不困难。当时该村的群众去临近县城跑生意，提到是 Y 村的人，都可以直接赊账。大家都认为这么富裕的村庄，欠账也不用担心还不起。"① 三年困难时期，周边村都吃不上饭，Y 村不缺粮食，有的条件好一些的家里还有玉米粮，是远近闻名让人羡慕的好村子。②

---

① 来自 Y 村村民李某的访谈。
② 来自 Y 村村民冯老师的访谈。

三、按劳分配、超额奖励,关注群众利益

按照毛主席的指示,"必须要有储存粮,年年贮一些,逐年增加",大队积极圆满完成国家征购任务,在按规定留足集体所需要的种子、饲料、安排好社员生活的基础上,做到丰年多贮,平年少贮,条件好的队多贮,条件差的队少贮的原则,进行粮食储备。广大贫下中农、社员群众和革命干部需要为社会主义革命和建设而储备,为战备而储备,为巩固集体经济而储备。

(一)按劳分配

分配工作是全体成员非常关注的问题。解决好这个问题与村民收入的关系,就应该正确处理好国家、组织和个人的利害关系,正确处理好农村集体利益的关系。为使指派工作更深入、更细致、更扎实,每个小组都要有一位主管领导,并指定一定数目的干部来抓。在土地分配的管理工作中,要严格落实"在分配问题上要注重民族、群体与个人之间的关系"。要统筹考虑6亿人口,在整体上要做到优先于国家、优先于群体、优先于个体的原则。要处理好国家、集体和个人之间的关系,反对个人主义、本位主义以及目光短浅的趋向;要坚持社会主义的"各尽所能、按劳报酬"的分配方针,坚决抵制绝对的平均主义。

大队统一核算单位的口粮分配,队与队产量基本平衡,大多数群众意见不大的,可以实行全大队统一标准分配;产量悬殊,群众对统一分配有意见的生产队,本着突出政治、承认差别、缩小差别的原则,民主讨论进行分配。"对于社员口粮的分配,我们是按人劳比例加照顾的方式进行分配。实行这种口粮分配办法,就是人劳比例八二开较好(即按人分80%,劳分20%)。基本口粮按人口分配,也可以按人成分配,但人成不能划得过多过细,一般三个等级较好(一般1~3岁为六成,4~6岁为八成,7岁以上为大口)。全部粮食按大小人口,以人定成,按成分粮。这样的分配方式是相对

比较公平的，社员群众也都能够信服。"①

在小麦增产的地方，集体分配给社员的口粮，一般应该比上年有所增加。根据当年的生产水平和社员消费水平，集体全年分配给社员的口粮，除生产突出对国家贡献大的单位，经过县委批准，可以略高于400斤外，一般以不超过400斤为宜。夏季应分多少，按照全年生产计划和夏秋粮比例，通盘安排。村庄采取民主讨论，定出勤，评工分的方式，根据"各尽所能，按劳分配，多劳多得同工同酬"的政策精神，按劳力强弱、家务繁简情况，民主讨论，将每个劳力，包括辅助劳力，都适当地定了基本出勤日，一天一检查，一天一兑现。工分多少，按其思想觉悟、技术程度，民主评定，一天少则9分、10分，多则不超过12分。没有入社的个体农民，他们的口粮、饲料、种子的留量，和所管辖生产队的标准相等。

在分配结果的公示上，采用三次张榜公布的方式。为了避免铺张浪费、乱支储备粮或乱支乱借现款，不能及时给社员记工等现象，在每年分配前，对上半年或上年度的劳动工分、仓库收支、账务账目进行一次清理。对干部和社员工分认真查对，解决好多记、重记、漏记和错记的问题；有不应该参与分配的工分，做到及时清理，认真加以处理。对前半年的收支账目，进行检查公布。对于仓库粮食和其他物资进行一次盘点。在整个分配过程中，向群众出榜公布三次，让群众讨论提意见，充分发挥民主作用，直到群众满意为止。三次公布，即第一次公布清工、清库的情况和社员"三投"的结算情况；第二次公布收支、产量、扣除、分配等预算情况和归户结果；第三次公布结算分配结果。通过分配，对广大干部和社员群众进行一次勤俭办队、民主办队的实际教育，提高社员群众当家作主的自觉性。同时，对前半年各项经营管理制度的执行情况进行一次群众性的大检查、大总结，找出问题，研究出改进办法。

而对于大队干部和大队企业人员的口粮的分配，根据不同情况，分别采

---

① 来自村干部臧某的访谈。

取以下办法：大队平均的基本口粮，一般应和家属一起参加所在的生产队分配。大队干部的劳动粮，在哪一个队参加劳动，就在哪个队参加分配；若遇队与队社员口粮差距过大的，为了不影响干部生活，并鼓励其深入后进队，便按各队每个劳动日分粮标准，由大队提取后，统一分配。大队干部的补贴工分，按照全大队参加分配的劳动日占全年基本劳动日的比例去参加分配。每个补贴工应分的粮食，按大队每个劳动日平均分粮标准确定。大队企业人员，凡是记劳动日的，其基本口粮和劳动粮，一般应按全大队统一标准确定；凡是欠工资不记劳动日的，其口粮标准按照适当低于县营企业同工种工人的口粮标准确定，但一般不高于本队同等劳力的平均分粮水平。大队干部补贴工分应分的粮食和大队企业人员分的粮食，一般应采用基础产量和人口各负担一半的办法由各生产队分摊。

这样的分配方式做到，第一，坚持党的领导。大队必须加强对生产队的工作的分配领导、检查、督促、帮助和监督。大队分配委员会采取小段安排和分段抓的办法，组织和帮助生产队搞好分配。有关业务活动，普遍采用以大队会计为主组织生产队会计定期进行集体办公的办法，交流工作经验，解决存在问题。县、社干部定期深入重点调查研究，加强具体指导，充分发挥网、站作用，夏收期间要以夏收的劳动管理、分配等为中心内容，有准备有领导地活动几次。根据历年经验和当年特点，要把夏收分配工作组织得更科学、更合理。首先要抓好清工、清库、清账工作，经过社员充分讨论，定出予分方案，报公社审批后，做到随收、随分，保证粮食不受损失，不霉烂，及时分到社员手里。其次，坚持民主管理。大队制定了一套严格的分配制度。针对社员心中的担心——一担心胡支乱用；二担心干部答应借给兄弟队收不回来；三担心个别社员借吃不还；四担心管理不善，虫蛀霉烂，鼠雀糟蹋；五担心手续不严，贪污盗窃——大队党支部经过与社员充分讨论，选出了出身好、思想好的贫下中农代表和保管人员，坚持了两把锁制度，互相监督，共同管理，杜绝随意动用储备粮的歪风，当年就多储粮 16000 千余斤。

村庄内部的按劳分配制度可以加强农村内部的凝聚力。在农村管理中，资源配置是一种主要的动力。为了更好地激发村民的积极性，Y 村将物资分配与评比考核相结合，创新各项评比机制。根据现实表现情况对村民进行考察并发放奖品等。除了物质性的奖励以外，表现优秀的村民还能获得个人荣誉。在这样的机制下，村民的生产积极性极高，在为自己挣得奖品和荣誉的同时，也为村集体经济增加了收益。

（二）超额奖励

为了调动广大村民的积极性，Y 党支部按照党的农村经济政策，在分配上贯彻"多劳多得"的社会主义分配原则，超产奖励，减产赔偿。对超产粮食生产队，在不影响国家任务完成前提下，可奖励 70%到 90%的粮食。对于棉花油菜等经济作物超产，生产队除按超产平分应得国家的奖励粮外，还可对本身所得奖的粮食少量分成。关于减产的经济赔偿，凡在正常的月内，由于生产队领导无力、社员干劲不足而造成产量减少，由减产队赔偿，可赔偿减产平分 20%包括粮食在内。同时，建立了奖惩制度。对于干部的补贴，根据工作繁简、工作态度，由社员民主评议，一般支书、主任、财务股长、主办会计一年可补给同等劳力的 60%～70%，副主任、副支书、劳动股长、保管等可补给劳力 40%～50%，其余民兵连长、副指导员和其他股长等可补给同等劳力 20%～30%，或误工记工，生产队干部每月可补给 2～3 个（可依据地、户各半计）。队上总起来一年大队和小队补贴工分不能超过全大队总用工的 2%。"那时候实行及时进行检查验收。对所做农活，大、小队干部和作业组长、工作队，及时检查验收，完一项，验收一项，也有的小段完，小段验收。好的，及时表扬鼓励；差的，适当处罚。如在小麦追肥中，全大队有 20 多人，不将肥料揉碎，就撒了出去。验收中发现问题后，除了民主讨论扣工外，又责令其进行了返工。一次两次后返工的就少了，被扣工很丢人的，大家都是要面子的，都争口气要做好。"[1]

在农田水利建设上，也建立了奖励制度。实行"以工程定定额，以小组

---

[1] 来自 Y 村村民李某的访谈。

包定量，以定额记工分，多劳多得，超额奖励"的办法。一方面，贯彻了"按劳计酬，多劳多得"的经济政策，充分调动了劳工民众的工业生产主观积极性；另一方面，由于分工明确，增强了群众的责任心和自觉性，既加快了速度，又保证了质量，出现了劳动超定额、人人出全勤、你追我赶的社会主义劳动竞赛高潮。大队党支部在农田水利基本建设中，建立了百人工程专业队，实行小段包工，定额记工，规定 50 米以内，7 方土为一个定额，记工 17.5 分，补钱 7 分。如果超额一方，记工 2.5 分，补钱 3 分。由于奖惩兑现，每人每天动土多达 10 方以上，挣工 25 分，得补助款 1.6 角。政策兑现，干劲倍增，劳动效率一般提高为 40% 以上。

为了贯彻同工同酬、多劳多得的原则，生产队执行底分活评制度。"当时评比是每年年初根据社员的年龄大小，体力强弱，劳动态度好坏，干劲大小，技术高低，民主评定每个社员的底分，即基础工分。而后坚持每十天评一次底分，结算一次劳动日，每月逢九晚上的政治夜校为评底分日。根据每个社员十天内的表现，凡劳动态度好，上工早、干劲大、做活质量高、超额完成生产任务的社员，可以适当提高底分；对一些不服从领导、不遵守纪律，不按时上工、不加班、出勤不出力，干活挑肥拣瘦，抢工忽质，完不成生产任务的社员要降低底分。对个别严重违犯纪律的社员，除降低底分外，还要发动群众评论批判，严肃处理。"① 底分活评、随时评。在干日工活中，认真坚持"多劳多得、少劳少得"的原则。发现问题，及时解决。如五队一名女社员，整棉花地时迟到了半晌。队干和工作队就及时组织底分活评，当社员面给其评定了半晌工。一次拉垫圈土，几个妇女随意回家去做饭，同样被评定了半晌工。

考虑到村庄也存在一些劳力小、负担重的农户，生产队还有少量的照顾粮。对于五保户，本着包下来的精神，按照生活所需要的原则加以照顾，一般照顾吃到平均口粮，在口粮偏低的生产队，还可以照顾吃到略高于平均水

---

① 来自 Y 村干部臧某的访谈。

平的口粮。对于因公伤亡的社员家属，照顾他们吃到生产队的平均口粮。此外，对以下两种人的生活给予适当照顾：一是大口无劳户，在口粮标准低的地方只分基本口粮不够吃，可以照顾他们多吃一些；二是多子女困难户，主要是经济问题解决不了，从生产上给予安排，照顾他们多参加一些劳动，特别困难的有时候也从公益金中适当给予照顾。

（三）关注群体利益

除了基本的工分和按劳分配外，村庄还为村民提供优厚的福利待遇。如村庄的基础设施建设，包括修建了当时全县最大的大舞台、对村庄的庙宇进行了翻修等，为村民免除了后顾之忧。"我印象里，我们小时候的村里就是路不拾遗，夜不闭户。村里老一辈的人也都说，当时是村庄最辉煌的时候，红利也很多，遇上丰收的年景，村里还会给大家发东西。当然最骄傲的事情是村庄修建的大礼堂，当时的大礼堂砖混结构，木质屋架，门厅为宫殿式，设有阳台、观众厅，天花板中央挂有莲花灯盘，四方装有仿星月式照明灯，与天花板上描绘的云彩，相互辉映，浑然一体，是当时全县最大的礼堂，也是我们全村人的骄傲。"①

分配机制和激励机制以及集体福利的发放加强了村民与村庄的关联，巩固了村民的利益共同体，是提升村庄共同体凝聚力的一个主要因素。村庄经济不断壮大，公平的分配方式和多样的激励机制为村庄的稳定提供了保障。村民个体和村庄集体的利益是一致的，村集体的利益决定了村民个人的利益，村民个人在各项评比机制的激励下追求利益最大化的行为也反过来推动了村庄的发展。同时，分配的公平也避免了"磨洋工、搭便车"的行为，促进了集体行动的一致性，村民可以通过自身的努力缩小收益的差距，达到一个相对公平的状态；村庄经济繁荣后也用经济的方式反哺惠农，照顾弱者，个体享受到了村级集体的福利与公共保障，一定程度上增强了共同体的内向聚合力。

---

① 来自 Y 村村民李某的访谈。

第三节 内聚型集体行动的形成

我国村庄以姓氏或以宗族集聚，邻里关系是村庄共同体生活的普遍特性，人们基于血缘、地缘形成了"差序格局"和"伦理本位"的社会关系结构。① 涂尔干认为，从血缘中产生的亲和力是维系人类早期的氏族（家族）成员相互结合的主要力量，这种结合建立在相似性较强的基础上。② 在农村社会网络中，亲友、邻里、生产队等乡村社会网络在村庄共同体中发挥着重要的作用，乡村社会的差序格局构成了农民合作的关系网络，通过亲情、信任、道义、互惠等因素的影响，增强了村庄共同体的内向聚合力。

一、相互支持的干部合作

Y村的支部书记 Z 某是村庄内向聚合力的关键，他组织协调能力较强，同时善于交际，村庄形成了以他为核心的村治权威。与18个小队队长之间的亲缘、友邻关系，使得村庄社会具有强大的凝聚力。同时，支部书记 Z 某与每个队小队长关系都比较密切，"当时有18个生产队，在几千人的大村子，每个生产队长也都是能人，老支书就能做到让大家都信服，其中有15个小队长都和他拜把子，剩下3个也是和他家多少有点亲戚关系。那时候的干部就能做到一条心，有什么任务都是冲在最前面，有个人的能力还有维系关系的亲友兄弟这些情感，干部之间就是一块坚不可摧的钢板。"③ 这些小队长在支部书记的带领下，对村庄和各小队事务进行管理，他们是各小队的组织者和领导者，也是村庄治理的主要力量，这些干部后来大多在"两委"班

---

① 费孝通. 乡土中国 [M]. 北京：人民出版社，2008.
② [法] 爱弥儿·涂尔干. 社会分工论 [M]. 渠敬东，译. 北京：生活·读书·新知三联书店，2000.
③ 来自 Y 村干部臧某的访谈.

子中任过职，即便后来有的不再在支部和村委中工作，依旧很重视村庄的发展，在村级事务中表现较为活跃。

领导是一支队伍的掌舵者，是整个队伍的中流砥柱，成员必须要听从他的号令，让团队以最佳的组织结构合理运作。当我们研究村庄集体行动的组织与协调问题时，会发现领导因素对其具有重要意义。在广大乡村社区，村干部是党的各种方针政策在乡村得以落实的主要执行者，同时也是村民行动的带头人。在 Y 村的治理过程中，支部书记 Z 某的权威与领导是村庄得以团结的关键，各小队队长之间高度团结关系也起到重要的作用，在村庄共同体中，他们在村民之中有强大的领导力和号召力，能够发动群众，同时也能受到群众的广泛认同。尽管集体化时期的村庄共同体与传统宗族村庄不同，没有一套完善的宗族管理制度，但基于血缘和地缘关系组合而成的村庄，村民个人对村集体有较强的依赖性。村庄在权威人物的领导下具有强大的凝聚力，能够形成内部的团结统一，最大限度地保护村民的利益。"'文革'期间，我们村 Z 某，是一个年纪轻轻的小伙，当时在外地矿上上班。当时他在单位因为执行某件事情没有完全按照领导意见去办理，被当时的红卫兵当作'反革命分子'揪出来，轮番批斗。人实在受不了，终于找机会跑回了村，回来就做好了丢工作的准备。因为害怕被抓回去，每天吓得都不敢出门。战战兢兢地在村躲了半个来月，单位就派人追过来了，进村直接到家抓了人就要走。老支书得知此事的时候，人已经被拖着出了村口。恰逢秋收季节，村里的劳力都在田间地头干活，老支书一边跑着追，一边大声呼叫，沿途的村民听到'把 Z 某给咱追回来'的声音，都扔下农具，沿着出村的公路跑去。当时是坐上了去县城的汽车，但是车子还没有发动，大家一拥而上，拦住前来要带 Z 某的人，就把人抢了回来。那个小伙子后来再没去单位，后来一直待在村，后来他回忆起来这件事情，说如果当时不是村里人护着，要是被抓回单位，可能就被批斗死了，是老支书救了他的命，是有了村庄的庇护他得以保命。"①

村干部的个人权威，以及各项制度的保障，让村庄有了自己的保护色。村庄共同体虽然是政治权力介入形成的共同体，但却为这个村庄的村民提供了集体福利和公共保障。他们相互信任，彼此约束，共同参与到村庄各项事务中。"那时候的村庄，村里有活动广播一喊就全员到位，不存在磨洋工、搭便车的情况，集体的事情，大家都积极参与。村民个人家里有婚丧嫁娶的事情，也是广播里一喊，各家各户搬着凳子，拿着工具就都过去帮忙了。"②

村庄具有极强的凝聚力，村民对村集体是高度认同的，此时表现出来的是一种高度团结的村庄共同体，Y村在集体化时期呈现出前所未有的繁荣景象。当然，在这个过程中，村干部的组织带动作用是最重要的影响因素。"村子发展得好了，大家干什么都有劲头，那时候的社员群众都有一种强烈的集体荣誉感和使命感，都要向干部看齐。村里起沙造田，把沙转移到村东。设比赛台，全村组织劳动竞赛，比赛奖品为毛巾、印着劳动模范的背心，赢得劳动模范背心是人们觉得荣耀的事情，生怕自己落后。"③ 村庄权威人物的威望和行动在村庄秩序的维护中发挥着显性作用。村庄权威与村庄秩序是相互维护、相互促进的关系。村庄的权威来源于权力的集中，而集中的权力是村庄权威形成的前提条件。村民对村庄权力的认同和对干部权威的认可，促成了对集体的高度认同。对干部权威的服从形成了村民的统一行动，村民成员行动的积极性遵从乡村社会规则，从而维护了乡村社会的秩序。

二、互惠互助的村民团结

奥尔森对"集体行动的逻辑"的研究表明，在集体活动中，个人理性并不必然导致集体理性：在集体物品产生以后，个人若发现即便他不付出努

---

① 来自 Y 村村民冯老师的访谈。
② 来自 Y 村村民李某的访谈。
③ 来自 Y 村村民李某的访谈。

66

力、不作出贡献也不会被排除在这一物品的收益之外，在这种情况下他就会选择"搭便车"。搭便车的行为会随着成员数量的增加与集体范围的扩大而加剧①，从而导致集体行动的困境。他认为，个体与理性的冲突是不可避免的，"如果一个集团中的所有个人在实现了集团目标后都能获利，由此也不能推出他们会采取行动以实现那一目标，即使他们都是有理性的和寻求自我利益的"②。可以说，个人在群体行为中受益的机会更大，但是，获取的好处并不意味着个人必须参加群体行为；以最低代价获取最大利益是经济学上的理智人的抉择。因此，在这样的情况下，公共物品的非排他性会让理性人选择"搭便车"，以满足自身利益需求。而其他人就需要负担公共物品的生产成本，这是经济理性人的理性选择，由此导致了集体行动的困境。

人民公社时期的 Y 村是一个关系密切、有共同利益的小圈子，而村治精英在村庄的威望、村民之间互帮互助的精神与乡村社会道德习则将全体村民更为紧密地联系在一起，以共同性塑造了村庄的共同体。帕特南指出，基于信赖与道德的普遍性的互惠规范有助于促进个体间自发性的合作与协调，进而改善集体行动的困境。③ 这个建立在相互信赖基础上的互利关系就是我对你们的援助，而你们今后也会以同样的方式来报答我，村民之间的互动互助与沟通协调促进了村庄共同体的进一步强化。

事实上，那一时期的农民，他们的生存安全尚且无法得到保障，所以保证自身的生存安全是他们的首要目标，他们之所以愿意积极地参与到集体的活动中去，其内生动因是对村庄权威和支部书记权威的信任。村民对村庄共同体的信任，消除了他们对风险的顾虑，随着内外部风险的减弱，村民参与集体活动就是他们基于生存境况而做出的合理选择。

---

① ［美］奥尔森. 集体行动的逻辑 ［M］. 陈郁，郭宇峰，李崇新，译. 上海：格致出版社，2014：28.

② ［美］奥尔森. 集体行动的逻辑 ［M］. 陈郁，郭宇峰，李崇新，译. 上海：格致出版社，2014：2.

③ ［美］罗伯特·帕特南. 使民主运转起来：现代意大利的公民传统 ［M］. 王列，赖海榕，译. 南昌：江西人民出版社，2001：198.

　　除此之外，村治精英的社会威望也具有潜在的约束力量。对于村庄社员生产劳动积极性不高，社员与社员之间、村民家庭内部矛盾等各种问题，支部书记以及各小队长会及时做出反应，尤其在个人利益和集体利益起冲突的时候，他们会做出劝告并提出相关要求，对村民的行为具有约束作用。村民对他们的话也愿意听从，遵循村庄内部的规则与秩序，在生产生活、亲友邻里关系等方面做到合乎要求。同时，传统乡土社会的声誉和舆论体系也发挥着一定的作用。相对封闭的乡土社会以及村民间的频繁互动会增强个体负面行为的信息流通，从而形成环境压力。① 为保证自身的生产和生命能够顺利地运行，避免被消极的消息所干扰，村民也会在日常行为中避免或减少自身不符合村庄规则或损害他人利益的行为。例如，对于社员之间的一次争执，有村民表示："我们是一个集体，要定大家一个样，不能你提一个标准，他提一个标准，那样没个统一的规则是容易乱套的。"对于个别的不符合村庄规则的行为，村庄社会内部的舆论体系与村民之间的频繁互动会形成一定的环境压力，进而对村民的行为起到约束作用。

　　奥尔森的集体行动逻辑可以解释农村社会的许多现象，农民的行动也遵循个体理性的逻辑，在行动前，会考虑成本以及预期收益，当农民的个体利益与集体利益不一致时，农民意识到自己可以不劳而获，集体行动就难以得到保障。如在人民公社化时期，农民与农民之间就充斥着相互的竞争与怀疑、"搭便车"等行为。然而在 Y 村这种现象少之又少，比如在治理土地上，村民就是自发地全员齐上阵。"过去，我们的土地十分糟糕。治理土地是我们村庄的一场硬仗。15000 亩耕地，不是沟田，就是堑地，支离破碎，有5000 多块。这 5000 多块地有一个共同特点就是：上面土层，下面石头多，旱了不保墒，涝了洪水冲。针对这些特点，我们当时就提出了'蓄起天上水，保住地下墒'的口号，向沟田堑地宣战。土薄，我们垫石头，我们挖地不成方，我们砌边不成埝，我们培凸田凹地，我们治！这就是我们社员平田

————————————

① 陶传进. 环境治理：以社区为基础 [M]. 北京：社会科学文献出版社，2005：85-86.

整地的豪言壮语。我们一年要组织三次平田整地的战斗：冬春修棉田，麦季修麦田。这样，年复一年，15000亩耕地已普修过两遍，有的还修到五遍。经过整修，5000多块小块地并成了3000多块大块地。块块地都修成了'地地有埝，埝埝培埂，连片成方，路路成林'的'大寨田'。基本上做到了旱来能抗，涝来能排，百日无雨保丰收，半年不雨少减产。"① 公社党委对Y村大队群众这种自力更生、艰苦奋斗办水利的精神，在全公社大加表扬，不但推动了水利建设，而且教育了大家在水利建设中应把立足点放在自力更生上。当年，全社打井配套就创历史新高。为抗旱斗争创造了有利条件，但是更重要的还是人的革命干劲。在抗旱斗争中，各级干部都战斗在第一线，带头大干。公社干部包队、队干部包井台，他们和社员一起，吃在井台、睡在井台，干部带了头，社员劲更足。七队年迈的老社员P某，负责一个小组浇棉花，一连十五天没有离开过棉花地，十五夜没有在家睡过一晚上。十队大队100多个妇女和男社员一样，白天苦干，晚上还坚持在地里回畦。干部和群众的大干，使棉秋田保浇了9000亩，棉花普遍浇了五六次水，多的达到七八次水，夺得了当年的粮棉双丰收。

此外，当时群团组织也为村庄的发展起到重要的作用。青年主力战荒山，妇女在家顶起"半边天"。全民齐发动，老少都出勤，户户锁了门，突击摘棉搞深翻，吃饭、学习、批判、红旗竞赛到田间，全社妇女组织420个摘棉战斗队，万余师生齐支援。山上山下大会战，风展红旗如画卷。

三、全员一心的"辉煌"集体

集体化时期，国家权力深度渗透到基层社会，党支部领导改变了农村社会的生产生活面貌。林毅夫认为，农业发展与集体化运动的危机导致了人民公社的失败。② 在合作化运动中，村民在国家强势力量的管控下，无权利退

---

① 来自Y村干部冯某的访谈。
② 林毅夫. 再论制度、技术与中国农业发展 [M]. 北京：北京大学出版社，2000：212
　－213.

出，没有自我约束与监督机制，偷懒成为集体生产运动中最普遍的现象，很大程度上打击了社员群众的积极性。而 Y 村在集体化时期，由于集体利益共同体的形成，呈现了一幅全员出动、老少出勤、战天斗地的热闹景象。

在与村民的访谈中，谈到人民公社时期，村民对村干部、村庄体制都是积极的评价，他们用得最多的词就是"辉煌"，这一共同的荣誉并不只是因为他们为那时的村子的良好环境而感到骄傲，也是一种对村庄共同体的集体认同。可以说，亲缘关系和家族纽带是维系 Y 村的基础，集体经济的快速发展增强了村民之间的利益联结，相对公平的分配机制、多种多样的激励机制以及集体福利的共享，激发了村民的积极性、自豪感和集体荣誉感，增强了村庄的关系联结，提高了村民对集体组织的认同感。"村里人多地少，大家只能起沙造田。在这一过程中，村民们起早贪黑，队上的口号就是'早上五点半，田间两顿饭，晚上加班干'。这个过程也是很辛苦的，但当时大家一起干，每次老 G 书记和副业股长都是去得最早的，在他们的带领下，社员群众参加集体劳动都很积极，有一股奋勇争先的干劲。"Y 村村民的"团结""齐心"也得到了邻村人的肯定："当时的 Y 村那可是我们公社的明星村，他们一项活，能大家一起干，给村里修建大礼堂一些简单的活也都是村民挑着、担着自发参与建设，这着实让人们佩服。"①

Y 村农业自然条件较好，村民也都愿意团结起来，靠自己勤劳的双手为村庄的发展"添砖加瓦"，对村庄的发展有极大的影响。在村集体的号召下，发动群众开始修建大舞台，村民们一听说要修建大舞台，都满心欢喜。村里老人就爱听唱戏，修建一个自己的大舞台一直是那一辈干部们想做的事情，几番周旋下终于完工。"当时台子建好，那可把别的村都羡慕坏了！我们村的大舞台可是全县最大的舞台。逢年过节村里就会出钱请戏班子来唱戏，很多外村的人都来，广场里满满的好几百人，我们本村的想看都挤不进去，每次戏班子唱戏都是中午，想要个靠前点位置的人都是半夜一两点起床，搬着

---

① 来自苏庄村董某的访谈。

小板凳就先去占位置了。"

　　文化娱乐礼堂的修建，丰富了社员群众的业余文化生活，是村庄凝聚力的又一次提升。村庄战天斗地的场面比比皆是，何曾一处两处，一队两队，而是处处皆有，队队兴起。村庄第十七队，在"干土加一尺，决心高一丈；不战胜干旱，坚决不收兵"的口号鼓舞下，明确了只要决心大，麦田就能种好，只要有毅力，苗就能补齐的信念，组织 126 个劳力，担水 13767 担，不仅查苗补种小麦六七百亩，还对 80 多亩干旱不能下种的麦田，采用大畦划小畦，担水漫种；用犁开沟，顺沟倒水点种和担水泼种的办法，把水一担一担地担到田间，泼在畦里，保证了适时下种。小队女社员 D 某，在担水中，脸上溅满泥，裤子湿半截，滑倒又爬起来，不让水担离开肩膀。一天担水 140 担，往返路程 90 里。年近六旬的 L 某、Z 某两个老汉，人老心不老，干起活来赛青年，每人每天担水 90 担，往返路程 60 里。社员群众响应当时国家政策号召，积极参与社会主义劳动竞赛。队与队、组与组、人与人开展社会主义劳动竞赛（赛学习，比进步；赛团结，比风格；赛干劲，比贡献），定期检查评比，大队每年夏秋各开一次评模发奖会，对评选出的模范干部、模范社员和先进生产队、战斗队、作业组进行大表彰、大奖励。同时开展"十查十看十比"活动，调动广大社员群众的社会主义积极性和创造性，即查政治活动，看学习批判，比精神面貌；查出勤人数，看劳动干劲，比工效高低；查小麦播种，看速度快慢，比质量标准；查"三田"落实，看措施行动，比播种质量；查育苗移栽，看育苗标准，比移栽面积；查抗旱设备，看渠畦刮埝，比规格质量；查种"十边"地，看面积大小，比种满种足；查缺苗断垄，看补种行动，比苗全苗壮；查棉花收摘，看"五分"好坏，比收摘干净；查秋收进度，看细收细打，比管护好坏。正是这些观摩评比、社会主义劳动竞赛的开展，让村庄在大旱之年，依旧能够大批量增产，取得增产丰收的大好局面，各项观摩评比，促使粮食增产增收，村民生活得到改善。据不完全统计，Y 村在当时树起的增产旗帜就有近 50 个，老书记 G 某也连续五年获得模范干部的荣誉。

表 2.2 农村人民公社基本核算单位社员收入情况（1973 年）①

公社名称	基本核算单位数	每人平均收入							
		20 元以下	20 元不足 40 元	40 元不足 60 元	60 元不足 80 元	80 元不足 100 元	100 元不足 150 元	150 元不足 200 元	200 元以上
YG	81			15	25	20	20	1	

表 2.3 农村人民公社基本核算单位社员口粮情况（1973 年）②

公社名称	基本核算单位数	每人平均口粮							
		200 斤以下的	200 斤不足 260 斤	260 斤不足 300 斤	300 斤不足 360 斤	360 斤不足 400 斤	400 斤不足 450 斤	450 斤不足 500 斤	500 斤以上
YG	81	7	13	15	26	15	5		

从 1973 年的 YG 公社基本核算单位社员收入及口粮情况表中可以看出，超过半数的社员群众平均收入分配在 60 元到 150 元之间，平均口粮在 260 斤到 400 斤。事实上，正是共同的奋斗经历、村民之间互帮互助与利益共识构建起了 Y 村村民之间的关系联结，塑造了他们对集体的认同感，村庄的繁荣给予村民自豪感和集体荣誉感，依靠村庄的富裕他们能获得物质回报和精神依靠，从而强化了村庄的内向凝聚力。这也就解释了为什么回忆起那段时期他们都是自豪的，因为那也是集体最辉煌的时期。

---

① 夏县档案馆. YG 案卷目录表，卷宗，105，农村人民公社基本核算单位社员收入情况，1972. 4. 15~1974. 8. 30.

② 夏县档案馆. YG 案卷目录表，卷宗，105，农村人民公社基本核算单位社员口粮情况，1972. 4. 15~1974. 8. 30.

第四节 小 结

在人民公社时期，由于集体的生产和生活，"队"的观念逐渐成形，所以，直至新时期，几乎每个人都还保留着一个"小组"的意识。"队"的意识，类似于家族的认同感。它的存在和发展，源于人民公社时代的共同劳动，使各个小组的成员彼此熟悉，并进入新的社会共同体中生活。

以"权力—利益"两者的关系为切入点来看 Y 村的发展实践。在权威领导和整合资源方面，在支部书记的直接领导下，全村做到了副业的遍地开花和乡村经济的蓬勃发展。该村根据人多地少的现实情况，在蓬勃发展种养业的时候，也鼓励副业，当时村庄的副业遍地开花，规模大、类别多。村民积极参与到村庄的集体活动中，村干部和村级政权机构对村庄行政事务与经济事务实行统筹管理。在村庄这个大集体中，大到协调农业生产、修建大舞台、土地管理、粮食分配，小到村民的奖惩和各项福利，这些事务没有明确的公私领域，在坚持党的一元化领导下，都被安排得井井有条，以支部书记 Z 某同志为代表的村级组织将权力集中起来，因为有能让村民信服的权威和为民办事的态度，村民也愿意听从他们的领导。村干部为民服务、为民办事的态度以及村民对村庄权威的信服，进一步加强了村级组织的凝聚力。

人民公社制度实质上是以社会整合为基础的基层政权的一种组织形态，它使国家政权和地方的政治权力达到了高度统一。在集体化时期，Y 村村民的行动具有一致性，村民的共性的一般行为逻辑背后是他们对队长、大队长以及村庄共同体认同的行为选择。著者认为集体化时期凝心聚力共同体的形成是价值规范要素发挥了较大影响，本书同时也强调除此之外，国家各项政策作为村民行动的环境因素，也对这一时期村民的行为选择产生了重要的影响。在 Y 村，受益于各项副业政策优惠支持，以及各项配套设施的倾斜，灌溉渠道、大舞台的建设以及各项社会照顾，极大改善了村民的生产生活条件，村民对村庄基础性价值的追求得到满足，强化了他们对村庄的认同。然而，这一时期权力与利益运作的积极结果很大程度上取决于能力强、素质高的村党支部书记，这种卡里斯马式人物能够将国家行政权力与村庄发展、村民需求结合起来，但这个过程是非制度化的，必然也是不具有稳定性的。因此，在后期没有制度的约束时，各种问题也随之浮现。

第三章

利益诱致下的乡村权力弱化与村民抵触：村庄共同体式微

随着人民公社制度的解体，以及经济上家庭联产承包责任制的实施和政治上村民自治制度的推行，"乡政"与"村治"相结合的双层治理结构形成。本文研究的 Y 村，之前在村集体经济和国家权力深度渗透基础上建立的凝聚力很强的村庄共同体逐渐式微。随着城市化进程的推进，村庄社会人口流动以及村民思想的日益多元化，农村党组织和村委会的权力逐渐被弱化，村庄一步步陷入了一盘散沙的状态，村庄共同体的凝聚力逐渐消失。而且，乡村经济社会改革的不断深入，也引发了一系列由于治理环境改变而产生的问题与挑战，许多乡村面临"共同体解体"带来的种种困境。自农业税被取消后，县乡等基层的国家政权的"悬浮"状态，大大削弱了外生性权威对乡村的控制力，资源匮乏、村干部自利化等因素也限制了村民自治组织等次生性权威的作用。"权威真空"造成的直接后果是，乡村的基本秩序得不到维护，公平正义得不到保障，乡村治理的主体与村民间的联结出现断裂，村庄共同体逐渐式微。

第一节 权力弱化与精英转型

改革开放以来，社会经济的高速发展，导致了农民阶级内部的利益分裂。弱势阶级也面对着社会上的不平等，因此他们都希望自身的权益获得更多的保障。在这样的大环境下，怎样合理地进行各种社会势力的合并，适应各个集团的发展要求，缓解发展矛盾，是一个十分艰巨的任务。我国在推进现代化的过程中，把统筹城乡建设提到了战略高度，更加重视农村基层党组织的领导作用。

一、集体解体与精英转型

借用杜赞奇"权力文化网络"理论中关于营利型经纪与保护型经纪的论述，本书将地方精英分为"谋利型精英"和"保护型精英"。① 保护型精英是乡贤治理的主体，这种精英大都是本村人且长期生活在本村，在村庄中具有长远预期，不是片面地追求自我利益的最大化，而是更看重在村庄"熟人社会"中的荣誉感和道德感，具有鲜明的为村庄共同体和村民负责的公心。而谋利型经纪人最明显的特征为无论是否是本村人，是否生活在村庄，都只追求自身利益而并没有向村集体和村民负责任的公心。在村民利益和自身利益发生冲突时，优先选择维护自身利益，甚至会为了实现自身利益而挤压村民原有利益空间。很明显，保护型精英和谋利型精英之间最大的差别在于"嵌入"村庄还是"脱嵌"于村庄，是否有保护村庄利益和村民利益的公心。

农村社会是社会治理的最小单元，农村社会的变迁影响着村级制度和国家治理的发展。新中国成立后，我国的广大农村经历了土地改革、人民公社化的集体化时期以及改革开放。土改运动后，处在乡村社会最底层的贫雇农成了乡村社会的主人，掌握了政治斗争的主动权，站在了乡村政治权力的顶峰。② 政府通过土改和合作化运动"两道筛选"③ 将有领导能力的精英筛选出来，并通过精英主导的参与式治理模式带动村庄发展。

---

① 杜赞奇. 文化，权力与国家：1900—1942 年的华北农村［M］. 王福明，译. 南京：江苏人民出版社，1996.
② 董江爱等. 精英主导下的参与式治理：建设社会主义新农村的常平之路［M］. 太原：山西人民出版社，2007：34.
③ 黄淑瑶. 人民公社时期的村庄治理机制分析［J］. 今日中国论坛，2013（09）：181，183.

Y村在集体化时期，村干部都属于保护型干部，都是以维护村民和村庄共同体利益为先。L某在人民公社时期作为生产大队队长，在村党支部书记Z某的领导下对村庄事务有决策权，后Z某因"升职"离开村庄，L某成为村庄最具权威的人物。1977年，L某被公社党委任命为村党支部书记。L某在担任村党支部书记期间，在多个方面推动了集体经济的发展，促进了村民生活的改善。一是狠抓农业水利建设，带领全体村民建立了发电站5个、修建蓄水池4个、修防渗渠道3000多米，充实了水利设施。二是狠抓多种经营，购置了拖拉机4台、汽车1辆，扩建了猪场，充实了粉房，还新建了鸡场、机械厂、砖厂、轧花厂，为村集体增加了收入，使村集体经济进一步发展壮大。三是为了给村民群众提供更好的服务，专门给保健站盖了一座楼房以提高医疗服务，还在街面上盖了经商楼一座以便民利民，并打了深井两眼同时给各家各户架了用水管道。显然，在20世纪六七十年代，L某是村民公认的好干部，属于村民群众认可的村庄权威。

"在社会实际生活中，人们想要获得的利益各有不同，可是，利益的获取、实现与维持却并非自然而然地发生。利益主体要充分发挥主观能动性最大限度地利用其所拥有的各种有效的资源，使之成为一种具体的权力，由此可见，利益是凝聚社会力量的核心"。① 改革开放以后，在我国农村社会发展的进程中，各利益群体具有多样性，各种利益群体因自身的利益诉求而形成了不同的管理模式和行为。

十一届三中全会之后，中国共产党实行了一系列的改革和对外开放，县乡两级政府积极落实各种形式的农业生产责任制。到1982年，夏县在全县范围内实行了农业生产大包干责任制。然而，Y村的农业生产大包干责任制远远落后于形势，村民对农业生产大包干责任制的态度并不积极。在谈到农业生产大包干责任制的问题时，许多村民都认为，"集体化时期大家都是听生产队长的，他说往西大家就往西，他说往东大家就往东，思想和行动完全一

---

① 王浦劬. 政治学基础［M］. 北京：北京大学出版社，1995：74.

致。但落实责任制后，忽然一下子要把担子挑到每个人的头上，一下子谁都不知道应该怎么搞了。而且，村集体这么多资产都是大家齐心协力共同打拼下的，要怎么分也是个问题"①。总的来说，起初一大部分村民对搞生产责任制还是有很大的思想顾虑的。村民们都说，村集体散了，村民都怕了，一怕变，二怕拣，三怕遭灾赔了产。怕变，就是怕政策变，怕年初包产、年终决算又变，有的还怕吹，虽然党的政策不变，就怕队长口出"圣旨"宣布作废。怕拣，就是怕村干部在调配土地、牲口、农具等方面，挑挑拣拣不公平。怕遭灾赔了产，就是村民对村集体有依赖性，集体化时期依靠集体的力量应对自然灾害，没有了村集体，依靠每家每户的力量很难应对自然灾害。

据乡镇人员回忆，在生产责任制刚落实的时候，该乡镇大部分村干部对实行家庭联产承包责任制有很多的顾虑，如周边的一些村一直不愿意推行，该村的村民也谈道，"在作物的责任制上，制定得也不明确，落实兑现的更少。就是说相当一部分生产队，绝大多数作物的种植还是'一窝蜂'，干好干坏分不清。定下的不兑现，说话不算数，失信于民。群众说这是'小锅饭还没有做熟，就又倒在大锅里搅成了糨糊'。还有的说'刚宣布不吃大锅饭，给社员发了碗，还没使唤，碗又打了'。村干部主要是有顾虑不敢搞，有私心不愿搞，怕麻烦不想搞"②。所谓有私心不愿搞，这个情况是少数的，就是有些小队长，担心搞了生产责任制以后，大权旁落，或者被捆住了手脚，不能指手画脚了，不能游游转转了，队员对他没有那么信服了；有的担心自己参加包产后工分少了。

Y村所构成的乡村村政所积累的政治、经济、文化资源，能够使其在"熟人社会"中获得某种程度的威信，而这正是其基本的内部需要。当上了村小组的干部，就等于跟上司走得更近了，在现实的体制下，也意味着会存在一些其他的现实利益。村民对集体时期的村干部以及小队长们都是比较"服气"的，因为权威干部可以利用村庄社会关系网络和道德惯习的力量让

---

① 来自Y村村民张某的访谈。
② 来自Y村村民李某的访谈。

村民遵守村庄的规则，他们在村庄相关事宜上所提的意见和做的决策也是相对有分量的。然而，村民在涉及自身利益的问题或者是真正关键的问题上是缺乏话语权的。例如，在对村庄小学进行翻建这一事件上，支部书记Z某和L主任将资金挪为他用，这种共谋行为是村庄精英转变的开始。

据村庄某些村民反映，"改革开放初期，鉴于村庄小学破损严重，而村庄没有多余的资金对小学进行翻修，经村庄干部讨论，决定发动本村在外地的村民集资用于该项目的建设。于是村干部分三组外出西安、上海、北京三地对村民进行项目的陈情和筹款。这时候，村庄之前的支部书记Z某已经升职调到县里了，当时L是村委会主任。后来在村里开会讨论，村民都觉得不管怎么，修建小学是利村利民的好事，也没有反对的声音。但是，据村民于某提到，后来在陕西省打工的人们说，当时村支书L和前任支书Z某路过陕西，跟他们说了要为村庄翻建小学的事情，他们其中有五户人家当即拿出了自己积攒的家当，一共凑了三万块钱让干部带回村里翻建小学。后来，这笔钱拿回来并没有入村里的账，而是不知去向"。① 小队长中的一部分人在群众权益受损的时候选择了沉默，对村支部书记的行为没有采取任何行为，默不作声地充当了谋利干部的"帮凶"。

显然，这种村庄精英间的协商，其实质乃是权力的分散化。乡村精英在建设小学的实际操作活动中发挥着权力替代的功能，把部分经费挪作他用，没有征求农民的意见，也没有向农民公布，造成了农民和村干部间的信任危机。据村民回忆，之后L某陆续通过各种渠道对村级资产进行"处理"，村级资产在干部公权力的运用下不断流失。

二、书记集权与权威弱化

20世纪80年代，影响村庄发展的又一大政策部署是村民委员会的成立。村民委员会最初是一些乡村居民在基层组织起来的基本权利团体，后由政府

---

① 来自Y村村民郭某的访谈。

通过行政的、法律的和政策的手段自上而下加以推动才得以成立。① 从法理层面上，村民委员会是村民自治权行使的集中委托，同时又是在国家制度主导之下得到的自治权力，所以它具有双重的身份，即代理人和当家人的角色。②

在 Y 村的现实中，村民委员会的成立改变了村级权力格局，村委会不再像之前只是一个象征性的存在形式，在村党支部的领导下有限地进行一些治理，而是被赋予了更多的权利和义务。村民委员会是取代了生产队的群众自发创造，它的正向作用就是减轻了基层政府的负担，但同时也带来了一些负面效应。随着国家权力"悬浮"，无法直接有效地到达基层社会，此时村治精英成为村庄权力的绝对掌控者，随着权力不断膨胀，不受制约，权力集中到个人或者团体手中，村庄干部逐渐走向谋利化。正如"一个好的制度，可以让坏人变好，让好人变得更好。一个坏的制度可以让好人变坏，让坏人变得更坏"。③

在种子公司事件上，村干部由于权力集中，在涉及村民利益的问题上一人独断，引发了村民的不满。1979 年，为了更好地落实毛主席在种子工作上的一系列重要指示，贯彻中央"四自一辅"（自繁、自选、自留、自用，辅之以必要调剂）种子工作方针，改变"育种靠专家、良种靠国家、没种向上要、良种靠外调"的被动局面，实现农作物良种化，种子质量标准化，更新更换制度化，夏县要求建立种子基地。据 1979 年夏县革命委会第 8 号文件关于种子公司征用土地的批复，提到按晋征土字（1978）第 142 号文，批准种子公司在全县范围内新建 4 个种子站，其中 1 个在 Y 村，4 个种子公司共征用土地 89.55 亩，Y 公社 Y 大队水地 25.23 亩④。征用土地的补偿标准按照国家规定办理征用与补偿手续。

---

① 肖立辉．村民委员会选举研究［M］．北京：中国社会出版社，2009：63-64.
② 徐勇．中国农村村民自治［M］．武汉：华中师范大学出版社，1997：291-294.
③ 邓小平文选（第二卷）［M］．北京：人民出版社，1994：333.
④ 夏县档案馆，YG 案卷目录表，卷宗，207，关于种子公司征用土地的批复，1979.

前文提到 Y 村具有优越的区位优势，距离县城仅 5 公里，种子公司占用的九队和十队的土地距县城最近。1998 年，县直单位盖家属院，想要占用这块土地，便找村支部书记 L 某提出，想用 M 村的土地进行交换，把种子公司占的这块地让给单位修建家属院。"这个事情也是听村民说，单位领导找到老支书，私下承诺拿周边 M 村的一块地换我们那块 25.23 亩的土地，还答应给村集体 10 万块钱。但其实，M 村那边的土地都是零零碎碎的边角地，全加起来也没有 10 亩，村民大多数是不同意的，10 万块钱到村庄账上大家也花不上，还把自己村里的地卖了，这不是一笔划算的买卖，但是现在是村干部一人说了算，村民反对也没有用。"① 当年年底，村委会以发展为由，提出让九队和十队的村民答应将种子基地占用的这块土地让出来。村民后来得知要拿 M 村的 10 亩地换走村里的 25.23 亩土地，而且答应给集体的钱一年内也无法兑现，开始对此事有了抵触情绪。"当时谈的要拿多少钱把这块地卖了，我们都没有人知道，就是老支书让九队和十队的队长回去动员队员答应这件事情，并没有在村委会公示，也没有征求过我们村民的意见"。"我们全体村民交公粮的土地，已经不是他们两个队的事情了，这是全体村民的事情。""当时是按国家的政策，种子革命要搞，这是推动种子生产和经营的大好事。建也是选在条件较好的大队，由公社派人加强领导，在人力、物力方面给予支持。现在要卖，资金也兑现不了，村民反对的声音比较多。"②

对于县直单位占用土地这件事情，支部书记 L 某也谈道："作为一个村支书，我肯定是想把村庄往好的路子上带，为了不让村庄就这样败落下去，也尝试不断寻找村子经济发展的新方向。村集体产业，农业和副业都是我负责的，20 世纪 90 年代末村庄没什么产业，我带头成立了饲料加工厂，这也是出于对村民负责的考虑。村里有了厂子，才能有发展的动力。县里要盖家属院，我认为这是好事，还能给村庄带来一笔 10 万块钱的收入。"③

---

① 来自 Y 村村民李某的访谈。

② 来自 Y 村干部张某的访谈。

③ 来自 Y 村村干部李某的访谈。

　　村支部书记 L 某担任队长的时候也是走到哪队哪队富裕，1983 年村委会选举的时候全票当选。实行"分田到户"之后，广大村民投身到农业增产增收之中。但仅仅依靠传统的农业生产，无法满足村庄经济发展的需要，为了给村庄发展寻找新方向，党支部书记 L 做了很多尝试。[1] 20 世纪 70 年代之前，夏县水头镇火车站由县营水头搬运站独家经营。后考虑车站数日不来货，一来量很大短时搬不出压站的情况，县上决定搬运站依货源情况组织当地群众参加搬运。有货时招来搞运输，无货时回家去务农，既满足了货主需要，又解决了货物压站问题。1973 年，L 某带领大队办起副业搬运队，参加物资上下站的搬运，由搬运站统一组织安排，统一结算运费。后由个体搬运者取代，搬运站失去竞争能力。20 世纪 70 年代初期到中期，"541"工程上马[2]，砂石砖瓦搬运及场内转运运量较大，由县联合运输办公室组织当地群众搬运，Y 村村民也是搬运站的主力。1985 年，Y 村搬运站失去竞争能力，迫于停业转产。

　　1998 年，L 某成立了饲料有限公司，公司拥有一条年生产 10 万吨的饲料生产线，一条预混料生产线，一条膨化生产线，是全县唯一的饲料兼预混料生产企业。公司成立了一个以 L 某为核心的领导班子，通过对村庄行政和经济事务的管理，实现权力的集中与权威的巩固。L 某不仅是村庄的支部书记，同时还是村庄企业的负责人，政治与经济的双重领袖角色造就了他在村庄中的绝对权威。村庄权威的建立基于在支部书记 Z 某带领下村庄副业遍地开花的兴盛，而村治精英权威的巩固与权力的集中则是通过组建了一套强有力的干部班子实现的，同时在差序格局下，支部书记 Z 某通过与 18 个小队的紧密联系，形成关系网络下的组织与权力秩序，从而实现了对村庄各项行政以及经济事务的全面管理。虽然他自己也获得了一定的经济收益，但是他

---

① 来自 Y 村村干部李某的访谈。

② 1970 年 4 月，晋南"541 工程"正式启动，建立了"541 总指挥部"，而总指挥部下面设置了 101、203、305、407、509 五个二级工程指挥部，分别管辖车体厂、发动机厂、炮厂、光学厂、炮弹厂。541 工程是 20 世纪 70 年代在山西部署的重大兵器制造项目。

的很多决定和行为确实给村民们提供了很好的发展条件，其中有管理副业，有组织协调村民生产生活，有村庄的福利奖惩，有号召村民们修建道路等，受到了村民们的一致好评和信赖。

基于同样的逻辑，权威的弱化也正是其合法性权力的异化。利益、资源、个人素质等因素在权力的运作中都有着较强的不稳定性，个人权力的膨胀、资源的争夺以及利益分配的不均，权威者执政与决策不再以村民的利益需求为先，支部书记 L 某的一系列行为损害了村民和村集体的利益，而他的企业则在对村庄资源的占用中不断发展壮大，这也使得村庄权威逐渐弱化，村民对他的领导与管理不再是信任与服从。基于这种背景，一部分村民开始不同程度地退出集体组织，这是他们经过理性权衡、根据自身情况所做出的理性选择，村庄共同体因此逐渐式微。

三、"大院"之争与乡村分离

乡镇政府作为国家在农村社会设立的基层政权，由上一级人民政府主管，负责乡村的日常工作。20 世纪 90 年代末，随着我国财政制度改革的深入进行，乡镇政权逐渐形成了一个具有一定规模的独立的利益实体。伴随着自身内部的压力，乡镇政权的生存也面临巨大的压力，这导致很多地方乡镇政权成为谋利型政权。公共权力的下放和村级组织定位不清晰、结构不完善，村级权力边界模糊，村民自治中的自治权被行政权力挤压，权力边界的模糊，引发了村庄治理中的村民与村干部之间的冲突。从当前农村的权力运转机理来剖析，村级党小组作为当前农民的一个基础组织形式，要保持党组织领导，就一定要充分发挥好组织负责人的中心地位。然而，由于缺乏有效的监督约束机制，部分乡镇党委出现"一言堂"的情况，支部书记具有村庄的绝对权威，领导和支配村委会工作，形成了一种权力界限不清的矛盾和冲突。在理论上，村委会是行使自治权力的行政机构，它是行使自治权力的执行组织，用来代表全体村民意志从而实行对全村事务的管理。但在实践中，自治权被少数村治精英所操纵，他们掌握村庄资源的分配权和使用权，引发乡村社会矛盾。

上文提到，村民因种子公司占地的问题到乡政府状告村干部，在上访告状的过程中，有村民发现，种子公司的那块地没有被县直单位占用为家属宿舍，但乡镇政府占用的一部分土地却让乡镇政府以 20 万元的价格卖给了企业。2003 年，L 某虽然不担任支部书记了，但仍然是村庄权力的中心，企业负责人（L 某的儿子）要建设企业，出价 20 万元购买乡镇政府在村占用的办公场地，将村庄内部矛盾转变为外部矛盾。

村民认为乡镇没有变卖村庄土地的权力，便由之前的状告村干部转变为状告乡镇政府。2004 年，Y 村村民集资聘请律师就"乡镇政府大院使用权"诉至法院。状告乡镇政府无权对村庄土地进行处置。经过调查取证并查看了相关土地管理文件后，村民得知乡镇政府占用的土地被征用为国有土地，村民不接受这一判决结果，并提起了二次上诉。官司打了两年，最后判决书上这 32 亩土地使用权判给企业。"是乡镇政府需要运转经费，便拿了企业的 20 万，后这 20 万也已开支，无法归还企业，当时是乡镇党委书记带着企业负责人去跟村民打官司，打了两年官司最后村民也败诉了。"村民发怨气讲到，这两年里，他们早合谋把手续办下来了。县级部门对于手续办理的过程解释道，乡镇占用的村庄国家建设用地，因为 Y 村是乡镇政府所在地，地往上数肯定都是 Y 村的地，但是我们认的是国家政策，国家颁的土地证。① 对此著者也无从考证，但无疑是村民与乡镇党委信任的一大挑战。

之前都是村民对村干部不满，但对乡镇政府保持一定的信任。村庄的败诉，让村民将抗争的矛头指向了乡镇政府。"以前，村干部有欺压村民的，咱都是找上一级政府，乡镇政府能给解决，也从来没有想过有一天，会去告政府。乡镇政府占用村里的土地，开展工作，这大家都能接受，但这把政府大院卖给企业，外村人看咱都是个笑话。""很多村民反对的，有不少村民去乡政府门口静坐示威，有的拉条幅，反对将政府大院卖给私人，在老百姓意

---

① 来自 Y 村村民张某的访谈。

识里，乡政府大院象征的是政府的权威，乡镇政府的大院怎么能卖给私人，而且那块地本来也是乡镇无偿占用的村庄的土地，政府也无权将属于村庄集体的土地变卖给个人。"①

鉴于之前乡镇政府门口静坐示威的"民怨"，企业后来虽然打赢了官司，得到了政府大院土地的使用权，但他们也并未真的占用政府大院，还是用一个废弃的机械厂的土地进行了更换，这个机械厂之前属于乡镇企业，后因经营不善而关停。最终，LQ 的第一个企业建在了这个机械厂那儿。但这些土地手续的变更，村民们并不知情，也没有得到相关的补偿费用。

在人多地少的 Y 村，土地被村民视作具有重要意义的财产，土地对他们来说意义非凡，是世代相传、赖以生存的资源。之所以会有这两次较为激烈的群体性的土地之争，是因为他们认为自己的干部并没有在与县级单位以及与企业的交换中让村民获利，还导致其土地权益受损，由此引发的愤懑无处发泄。他们不得已联合起来，和政府做对抗，以此来维护自身的土地权益。而这场为了维护自身利益而发起的土地抗争，也失败了。这是 G 某坚持打两年官司的原因，也是村民共同的利益诉求。村民这一纸诉状，状告乡政府，最后败诉。村民认为是乡政府和企业合谋，由此引发了对乡镇政府的不信任和抵触情绪。

第二节　干部谋利与集体资产流失

改革开放后，农村社会陷入贫困的一个主要原因是村庄资源占有、使用和分配的不合理。这一时期，国家权力"悬浮"，村庄公共权力掌握在村治精英手中，而约束监督机制却不完善，这使得一些地方的村干部凭借自身在村庄事务中的权威力量优先满足自身的利益需求，而在一定程度上损害了其

---

① 来自 Y 村村民张某的访谈。

他成员的利益。

一、从集体资产到个体企业

国家权力的"悬浮"，使得村庄的权力掌握在少数村治精英手中。Y村的情况亦是如此，村庄的繁荣受村干部绝对权威的影响，而其衰落也同样由精英的转变引起。人民公社解体后，村干部的一系列决策使得村庄发展开始走下坡路，随之而来的是权力的分化和村庄共同体的溃散。在调研中，群众提出之前村委会的院子、卫生所的院子都卖了，还有器械厂的设备和钢材等都在没有任何财务公开的情况下，流失了。但谈得最多最让村民耿耿于怀的还是村庄大礼堂（即前文提到的集体时期修建的大舞台）和四旁绿化时期栽种的树木。

在新中国成立之初，夏县县委就按照"社栽社有，队栽队有，谁栽谁有"的林业政策，号召广大群众及机关干部纷纷在庭院、房前屋后、小块地、坟盘及荒山植树造林。据县志统计，截至1973年，全县四旁绿化431万余株，超过地区任务的23.1%；三荒（荒山、荒滩、荒沟）造林面积15840余亩，超过地区任务的0.5%；育苗7030余亩，占耕地面积的1.1%：超过地区分配任务的23.3，四旁植树和育苗造林，均一季超额完成了全年任务。① Y村是"四旁绿化"的先进村，在实践中，创造总结出了"大苗上路（把培育好的大树苗带土移栽到路旁）绿化快，四个一样（品种、粗细、高低、株行距）标准高"的绿化经验。如四小队的王某某，1981年春在一亩自留地栽植优胜杨180株，株行距为1.2×3米。1985年春采伐出售，收入1350元，加上4年粮食收入折款500元，共计1850元，每年亩均收入462.5元。没有栽树前，纯种粮食，每年折款收入274.5元。二者相比，栽树比纯种粮食每亩每年多收入188元。

Y村在村东自留地利用村旁、宅旁、零星小块地和道路、河渠旁等地，

---

① 夏县地方志编纂委员会．夏县志［M］．北京：人民出版社，1998：214.

种植有 50 余亩，1982 年栽植 1×3 的沙兰杨，到 1985 年胸围一般达 35 厘米，每亩活立木蓄积 4 立方米，前两年每年亩产小麦 500 斤。林业收入已成为村庄的一项经济来源，在人民公社解体后，村干部谈道，"其他小队的我不知道，我们小队 1978 年在 45 亩自留地栽植杨树 17500 株，亩栽 380 余株，1983 年采伐，胸围平均 36 厘米，每株以 6 元计，可收入 105000 元。当时支部书记找小队长说要征用这片土地，为村庄引进的农业企业修建办公大院，征用土地对附着物的补偿全数返回给村民，最后树是都被砍了，但这钱，队员们谁也没见着。"①

　　20 世纪 80 年代后期，县区不少社队的林业出现了混乱现象。经过整顿，村庄林权的混乱现象才得以解决，虽然当时村庄砍伐的树木无法统计出具体的数据，但村庄干部的权威开始被动摇，村干部在村民心中的"公心"受到质疑。"当时，我们也是积极参与护林的，还组织了村里的义务'老年护林队''少年护林队'，做到四个一样，即树种一个样，高低一个样，粗细一个样，株行距一个样。村里栽树坚持的原则是国家所有的，国家栽、国家管；集体所有的，集体栽、集体定人管；国家和集体共有的，共栽共管；个人所有，个人栽护。在不影响村容美化的前提下，允许我们在自家门前栽树，自己栽的归自己所有。现在村里剩下的就是当时自己门口栽的这一批树木，村旁路旁的那些都被干部们商量着砍伐卖了，我们心疼呀，也没办法。"② 党支部书记 L 把村庄资产变卖，这直接损害了村民的利益，也引起了他们的不满，虽然有小队长提到说："那些资产变卖了，老支书其实也没贪污，他是想做生意投资多挣点钱，只是那时候的投资大都是打了水漂，因为创业初期，经验不足，最后都赔钱了。"但多数村民认为，党支部书记 L 是"变卖了集体的资产鼓了自己的腰包"。第五小队村民也谈到他们小组之前的变压器、水泵等集体资产变卖也未入账。资产的流失以及财务账目不公开，使得村民对干部失去了信任。如前文所述，权威的基础在于为村庄带来经济的繁

---

① 来自 Y 村村民尉某的访谈。
② 来自 Y 村村民尉某、张某的访谈。

荣、为村民带来公共利益和社会福利，而村庄经济的衰落也成了权力分化与共同体式微的开端。由此可见，村庄公共财产的决策权和管理权如果把持在少数精英手中，按照少数人的利益配置公共资源，进行收入分配，这样治理的结果必然是村庄衰败。

二、分配失衡与精英俘获

利益是凝聚社会力量的核心。① 在现实中，利益的追逐是人类活动的最终目的，实现自己的利益是各个利益相关者的自发的行为。为了实现和维护自身利益，人们通常会利用一切资源、办法来进行有效的利益获得行为，并将这些资源整合为实际的力量，以此来展开谋利活动。村干部为了追求自身的利益，运用自身权力的力量，实现自我利益最大化，使得村民与其之间出现了撕裂，部分干部腐化，结成小的利益团体。

1962 年，我国党召开的第八届中央委员会第十次全体会议批准并颁布了《农村人民公社工作条例（修订稿）》，共 60 条，其中包括：自留地一般占生产大队耕地面积的百分之五到七，长期归社员家庭使用。在很长一段时间内，这部分土地都是用作家庭和副食品的生产。在实行集体土地承包后，仍保持着对集体土地的所有权。自留地归农村集体所有，而 Y 村的自留地基本都被村干部用来做人情。对于小队长来说，他们积极参加村庄的管理，得到与之相称的收益与权力是合理的，但支部书记 L 分发给各小队长自留地，未征得村民的同意，是对村民利益的损害，村民认为在集体土地的问题上，他们的话语权被剥夺。《土地管理法》明确规定，农村集体拥有的是集体土地，而农户拥有的是宅基地的使用权。土地的使用权，通常都是与土地的所有权挂钩的，只要有房屋，就有土地。没有了房子，土地就变成了自己的土地，而那些没有住房的村民，则有权利将自己的土地和土地全部没收。②

村民与村干部的不满源于村庄利益分配的不公平，首先是对自留地处置

---

① 王浦劬. 政治学基础［M］. 北京：北京大学出版社，1995：74.
② 《土地管理法》第八条第二款。

的不满。村民认为，村委会在分配土地的时候偏向村干部及其亲戚，损害了小队成员的利益。"村庄有自留地，是属于大家的自留地，都被老支书当人情给了跟随他的干部，我们这些村民对这样的分配方式非常不满，也有一个很正直的小队长提出过异议，被多数干部们打压后，也没法再在村庄待，被迫背井离乡外出打工去了。村庄的局面形成了一个恶性循环，好的干部留不住，村庄就没法发展，而随着村庄的不断败落，也没有干部愿意再管村庄的事情。"① 尽管支部书记 L 对这一事情进行了解释，表示照顾了在各小队出了力的干部，要满足所有村民的诉求本身就是不现实的，但村庄利益分配不均衡显然是既成事实。波普金对越南村庄的研究显示，村庄资源是根据成员在村中的等级来分配的，而资源的有限性必然导致分蛋糕时无休止的冲突。② Y 村的村民认为支部书记 L 不光是在土地上，在村庄各项资源的分配上也存在明显的对村干部及与之关系密切者的倾斜，这种不公平的分配机制，加深了村民对干部的不满。

其次，利益分配的不均还体现在村庄资源被企业占用。村庄产业的发展不仅能拓宽就业，还能让更多的农民实现就地就业，对村庄经济的发展有一定的带动作用。然而，在 Y 村却截然不同，根据当时任村委会副主任的表述，企业的发展，村庄并没有得利，反而是越来越难，只能勉强维持收支平衡。"村委会的工作也是千头万绪，事情多，难处大。村子没有产业，经济搞不好，村民对干部也开始不满。这时候，老支书当时还是村长，他提出建设村办企业挂靠在村委会名下，也能为集体收入一部分钱，后来企业成立了，村委会和企业实际是没有关系的，也没有给村里上交什么钱。但是，有两个项目都是以村委会的名义向上级部门申请的，申请的设备和资金也都进了企业的账，村委会的公章是他拿的，也没有跟我和会计商量，盖了村委会的公章申请了项目，账也不走村里的账。这时候，我们一些干部才意识到这

---

① 来自 Y 村村民尉某的访谈。

② Samuel Popkin. The Rational Peasant: The Political Economy of Peasant Society ［J］. *Theory and Society*, 1980, 9 (03): 448-449.

个是拿集体资源进了个人腰包，是不正确的，但已经改变不了什么了。"①
村庄村民日益贫困，曾经的繁荣景象不复存在，村庄逐步走向衰落，整个村
庄笼罩在不公的阴霾中。至于曾经辉煌一时的村庄怎么会开始走"下坡路"，
在这里生活的村民个个心知肚明。

　　从经济利益层面看，村民的利益在这一时期已经开始弥散，他们辛苦奋
斗所得来的共有资产逐步流散。从村民与村干部之间的关系看，村民从之前
对村干部完全信任开始转变为颇有微词，村民与企业之间并没有建立起有效
的关系联结。从经济理性的角度来看，村民和党支部书记L都认为自己在村
庄发展过程中付出大于收获，而村民，在集体资产不断流失的情况下，他们
的感受更多的是失落，同时对支部书记L的各项决定逐渐表露出不满。

三、被边缘化的村民

　　集体化时期，国家为鼓励社员发展家庭副业，生产队把占总耕地面积
5%的土地划给社员作为自留地。为发展养殖业，L某将Y村可用的自留地进
行整合，获得了大量的土地。支部书记L在"不断摸索中"中获得了原始力
量，而后通过一些投资和经营方式，逐渐将集体企业资本化、私人化。由于
制度和机制不完善，最重要的是监督的缺失，以及信息不对等等原因，乡镇
政府和大多数村民并没有意识到问题的严重性，甚至放任纵容。在这种情况
下，村民与村干部的利益基础不再一致，无论是出租土地所得、变卖资产所
得，还是本应属于村集体的林地被企业新建项目所占用，村民都不能从中获
益，经济的繁荣与村民无关，企业的扩大又让村民失去了更多的土地。"在
夏县，除了城关，那时县城的乡镇，就数我们村富有了。当时我们为了发
展，奋斗了十几二十年，才挣下村里的如此光景。企业负责人说他需要土
地，起初是从他们队承包，队员有意见也不敢反对，后来他们十七队没有
了，就把挨着十七队的十五、十六、十八队的地也都包走了。"②

---

① 来自Y村村干部郭某的访谈。
② 来自Y村村民尉某的访谈。

据村民回忆，"当时在承包土地建设企业的过程中，我们是没有话语权的，几乎就是一言堂，谁是小队长，谁是领导，就谁说了算，也没有通过什么公投的形式，就把我们的自留地都承包了出去"。随着城镇化进程的不断推进，作为距离县城最近的乡镇，夏县人均耕地的减少相比别的乡镇更严重些。由该乡镇档案①记载可知，20 世纪 80 年代的 Y 村（当时大队）人均土地 2.3 亩，随着现代化进程不断深入以及企业不断扩大占地，村民的人均亩数不断减少，最后仅剩不到 1 亩。

集体资产的不断流失，村治精英与村民之间的利益不再一致，村民无法共享村集体资源而是需要让渡自身的一些权益（包括土地、资金、资源等）给企业。另一方面，以支部书记 L 为代表的村干部们在运行权力的过程中，为了发展自己的企业，以个人利益为先，变卖集体资产富自己腰包这种以权谋私的行为损害了村民的切身利益。另外，村庄集体资源逐步流失，之前可以享受到的村集体福利被取消，村民逐渐被边缘化。

在《村治变迁中的权威与秩序》中，吴毅认为"回向传统"和"面向现实"是村民在面对重建村庄社会关联链条中努力的方向，即对传统民间资源的重拾和对以现代经济理性为基础的契约关联的构建。② 就此而言，Y 村村民与企业之间的矛盾，一方面是因为村民与"村干部"传统关系的破裂；另一方面则源于经济关联的脱节。从村民的立场来看，企业成立占用的土地都是集体的土地，其收益却与村里无关。"这个饲料厂，占的地都是村里的，后来申请的项目也是以村集体的名义申请的，但实际上却是私人的企业，就是因为当时村委会公章在老支书手里，公章一盖就以村委会的名义问县上要上项目了，但最后老百姓一份钱也拿不到。还有好几块地，手续都不齐全，都是不明不白的。"③ 村干部充分利用其权力与地位优势，使得自身企业得

---

① 夏县档案馆，YG 案卷目录表，卷宗，251，县委批转农村政治部关于自留地的一些处理意见 . 1980. 1. 1

② 吴毅 . 村治变迁中的权威与秩序——20 世纪川东双村的表达 [M]. 北京：中国社会科学出版社，2002.

③ 来自 Y 村村民马某的访谈。

以快速发展。一系列权力运作成为村民之后抗争的诱因。

第三节 村民抵触和上访

对村民群众而言，最宝贵的财富无疑是土地，土地是村民最重要的生产资料。我国《宪法》明确规定："农村和城市郊区的土地，除由法律规定属于国家所有的以外，属于集体所有。"① 《农村土地承包法》第十三条规定："农民集体所有的土地依法属于村民集体所有的，由村集体经济组织或村民委员会发包。"② 国家对乡村集体拥有的土地给予了一定的权利。但是，实际情况是，这些权力常常被一些党员控制，如村党支部、村委和村级集体经济。Y村主要干部在村民群众不知情的情况下，出售或征用土地，乡镇干部出面干预也难以制止。事实上，在谋利型干部的操控下，村民被完全排除在涉及自身利益的决策之外，无法参与到土地征收和土地流转等一系列程序中，村民的决策权和利益分享也自然被剥夺。村民土地的使用权和收益权也无法得到保障，在种子公司和乡镇政府大院的问题上，村民表现出的是抵触和不满，于是他们通过上访的方式维护自己所享有的公共资源的权益。

一、"再穷不进厂"：从争利到争气

随着改革开放进程的不断推进，在政府和市场的共同驱动下，企业资本进村在农村地区成为一种普遍现象。Y村也是如此，2004年，L某不再担任村企业的负责人，企业负责人变更为其子LQ，企业是一个拥有年产10万吨饲料自动微控生产线的公司，2006年产量达2万余吨，实现产值4000余万

---

① 《中华人民共和国宪法》第一章第十条规定："城市的土地属于国家所有。农村和城市郊区的土地，除由法律规定属于国家所有的以外，属于集体所有；宅基地和自留地、自留山，也属于集体所有。"
② 《农村土地承包法》第十二条。

元，在全县也是规模较大的企业。公司选址在村里，可以促进村里集体经济的发展壮大，给农户创造了在家门口就可以就业的机遇。但之前提到的村级资产的不断流失，加深了村民对村干部的不满，而这种不满又由于企业负责人是村支部书记 L 某的儿子，而使得村民将这种对干部的不满转嫁到企业上，表现出来的就是在企业成立之初，村民都不愿意去那儿打工，企业刚开始招工都是在周边村庄。

企业在本村发展在外人看来是一件好事，但 Y 村的村民却不这么认为。对于 Y 村村民而言，企业选址在村庄，村民并不支持，"我们农民都是靠土地生存的，把地转让出去，我们就没有了根"。但作为大权独揽的村庄权威，村党支部书记是村庄事务的最终决定者。村民无奈，只能用不入企业打工的方式与企业对抗。同时，他们认为企业负责人 L 的"第一桶金"也是村党支部书记 L 通过变卖村集体资产得来的，而这些集体资产都是"我们这一辈人辛苦挣来的"。

村民都不愿意到企业上班，是他们对村庄集体资产流失不满的直接表现。公司成立之初，只有 7 户人家到企业应聘。"大家也都是在观望，刚开始去了企业的那 7 户，也都是与老支书 L 关系较为亲密的，当时私交比较好的那个小队长，以及自己队里的人。""村里有企业，不出门就能在村里上班挣钱，按理说这是好事，但大家就是气不过，因为在种子公司的事情上，他们家做得不厚道，什么也不经过村里，不顾村里的人反对，也要占了那块地。后来再没个说法，不能服众。村里也有想去企业上班的，但有的是为了争口气，也有的是在观望，想再看看，看企业的发展前景好不好。"①

村民们对公司的一切都持否定的观点，认为企业不能给村子带来生机，反而会给自己带来损失。"起初要占用我们的地建设企业的时候，我们是不同意的。后来说给我们地租，每年12月底发，前两年时间上总会拖上一两个月，二三月份也都能发放，第三年就不再发了。村民也惹不起人家，也不敢

---

① 来自 Y 村村民石某的访谈。

去要。""我们两个老人身体都不好，考虑到离家近方便照顾我们，就去企业上班了，天天加班，每个月说是能休息四天，其实最多就只能休息两天。工作十几年了，现在工资也就两三千，效益好的时候能三千出头，效益不好的时候就两千多。我儿子在企业上班，是最早一批去的，就是图个离家里近，能在家照顾老人。"[1]

　　由 LQ 建立的企业是村庄规模最大的企业，通过土地流转等方式大力发展三黄鸡养殖业和饲料加工项目。企业成立初期，当然也有一部分人站在能带来经济利益的角度考虑，是支持承包土地这一决定的。但随着企业的不断扩大，对土地的需求也越来越多。而村民对之前村集体资产的流失并不是无动于衷的。这时村庄土地问题成为敏感且复杂的问题，由于村集体土地占有权和再分配权无法厘清，涉及村集体债务、确权、流转、征地补偿等问题，还有村民与村民、村民与村集体之间的纷争等无法得到妥善解决，土地与权力的纷争使得村庄的利益联结被彻底打破。

　　面对打工的经济收益，大部分村民选择了观望，这种行动策略表示村民与老干部之间的关系权已发生变化，同时也是小农面对风险的生存理性的体现。在 20 世纪 90 年代后期，党支部书记 L 的一系列专断决策导致了村庄集体经济的衰落，而村庄的土地也被占用，在这种形势下，出于对生存和安全的警惕，加上对村支书 L 的权力和管理的不信任，村民们的行为倾向于保守。比如，创业初期，村支书 L 就呼吁大家参加，但面对需要缴纳的入股资金和发展前景犹未可知的公司，多数村民没有参与进去。村民对村干部失去信任，在企业发展未来不确定的情况下，村民不愿投身其中，持观望和审视的态度。因此，可以说，企业成立之初的招工难，是在权力分化、曾经的保护型精英转向谋利型精英的情况下，村民衡量了市场风险和经济利益以及信危机后采取的合理抉择。

　　如果说集体化时期村庄对村民是全方位的管理，那么这一阶段村级组织

----

①　来自 Y 村村民尉某的访谈。

对村民几乎没有了管理权限，并不是制度上的无权限，而是意识上的不认同，村民对曾经的村庄权威不再信服。他们对村集体失去了信心，不接受村庄的管理，村集体的凝聚力、向心力以及村干部的权威性都受到影响，村民用抗争的方式切断了与村级组织之间的联系，村级组织不具备整合、组织村民的能力。

村庄矛盾产生的根本原因就是村庄精英的转型，由原来的对村庄的保护到现在的逐步谋利，企业的成立以及村庄权力的弱化造成了村民利益空间被挤压。鉴于"企业积累的第一桶金是通过攫取村庄利益而获得的"，企业从起步就失去了村民的支持，没有从村民身上汲取经济资源的能力。同样，村民也无法从企业的发展中获得任何收益，导致村办企业与村民关系的松散。

村民基于不愿意姑息干部对村庄资源的变卖，将这种不满发泄在企业那里，造成了村民自身无法到企业打工的损失，企业不得不转向到外村招聘工人，这也导致了集体行动的困境。在研究农民行动中，很多学者也认为这种集体困境的产生是十分普遍的。类似于在农民的集体维权中，由于抗争成果是大家共享的，因此就会出现在土地权益上访过程中采取的"一味躲避，期待他人出头"[1] 的现象，这是农民理性计算的结果，是他们对成本和风险等因素进行多方面考虑后的行为选择。

二、村民上访与冲突升级

支部书记 L 某在组织化的进程中处于主导作用，他的权力来源于行政赋予，也来源于自身的能力、威望，以及为村庄所创造的价值和为村民所带来的利益。对于大部分村民来说，他们习惯了支部书记 L 构建的村庄权威，这使得他们在村庄共同体权力关系中处于劣势。但这也并不意味着村民没有自主行动选择的权利，随着村民利益得不到保障，干部过去曾经发挥作用的共同体走向式微，其权力被动摇，他们的执行能力也受到质疑，领导村庄发展

---

[1]　温方方. 乡村关系网络与农民"弱者武器"维权——对"碧水星城"房产开发征地事件的实证研究 [D]. 南京：南京大学，2008：60.

的权威逐渐弱化；而利益受损的村民在理性权衡其生存境遇，包括自身能力、资源和所处境遇等因素后，采取了适合自身情况的合理策略。

L某在担任村委会主任时是村里种地的一把能手，当时在哪个队当队长，哪个队就是发展得最好的，因此在 20 世纪 90 年代村委会选举中全票当选，后进入支部任支部书记。但在经济利益的诱惑下，尤其是在上一任支书 Z 某调任后，其失去了约束，开始变卖村级资产，包括当时建的大舞台、医疗所、村四周的六七万株树等。村民的惯性思维，让他们对支部书记 L 某这一村庄绝对权威是完全信任的，因此起初他们并没有采取什么行动。

这一时期村民更多关注的是土地抗争。20 世纪 70 年代，按照上级发展种子公司的意见，全县设 4 个种子站，其中有 1 个就设在 Y 村，占用 Y 村村民地 25.23 亩地。20 世纪 90 年代种子基地不再是县级发展的重点，种子站也无人关注。得知村支部书记私下协商要将种子公司的地卖给县级单位修建家属院后，村民在 G 某的带领下去乡镇政府告状，并上访至市政府，要求将这 25.23 亩土地归还给村集体，或者将村民这么多年垫的公粮折现分发给村民。

在权力关系中处于弱势的村民，为了争取权益，推出了以 G 某为代表的一批村民，一致认为他们能带领村民去上访。G 某是村庄老干部 GWY 的儿子，GWY 曾在村任支部书记两年，教育群众破除迷信，平古垛地若干块，扩大耕地 150 亩，组建了木工厂、破瓦窑、扎花厂、榨油厂，扩建学校，增加了集体收入，改善了群众生活，改善了学习教学条件。老干部 GWY 在村庄有较高的威望，在种子公司的事情上，他是坚决反对的，但老干部年事已高、行动不便，村民便推选出 G 某来当这个"主事的人"。这一时期，在 G 某的带领下，村民多次向乡镇政府、县级政府、市政府信访部门集体上访，但均没有得到解决。

村民认为，这块地是村民无偿给政府让办种子公司，地祖祖辈辈都是村里的，公粮都是由村民负担的，村干部没有卖地的权力。"种子公司本来就是 20 世纪 70 年代，为了响应国家'种子问题解决了，一切就都解决了'的政策，当时全县4个种子基地，当时村民也不想把地让出去，是老干部动员全体村民要以大局为重、以集体利益为先，咱村是先进村，什么都要起到带头的作用。就这样，建设种子基地就占了村里九队和十队连起来的一片地，当时占用了25.23亩。"为什么村民对这块土地的亩数都记得这么准确，当时参与写诉状的村民说道："我们怎么可能记不清，那是我们全体村民背了十几年公粮的亩数，种子公司办起来，是县里的种子站。但是，这块土地还是要交公粮的，咱不能少缴了国家的公粮呐，所以这块25.23亩土地需要交的公粮都是全体村民在负担，都是平摊到小队应上交公粮的数量里，每年由村民来交。"①

村民的上访也起到了一定的作用，一则矛盾不断升级，村干部也不敢再随意将种子公司所占的地进行变卖；二则村民不断上访，乡镇党委对村民的诉求也不能置之不理。自从农村税费改革以来，党和国家对农民出台了一系列的惠民政策，本来这些优惠的政策应该落到我们农民头上，可是现在呢，有些地方却装进了个人的腰包。"2003年之前，在全体党员的争取下，村里将种子基地的库房租给乡镇粮站，每年能收六七万的租金，这也是村集体的收入，勉强也能够村里的开销，主要用于给干部发补贴，给困难群众解决一些小问题。"

三、离开还是留下：理性权衡下的差异选择

"人类奋斗所争取的一切，都与他们的利益有关。"② 利益是农村社会治理主体参与到乡村振兴中的重要动力。而在众多利益之中，经济利益又是最根本和最核心的利益。"政治主体结构源于利益分化的结果"③，妥协、冲突、斗争以及协调是农村治理各参与主体之间关系的演进形态。参与活动以自身生存和发展的需要为出发点，在资源、利益分配过程中产生博弈，直至

---

① 来自 Y 村村干部张某的访谈。
② 马克思恩格斯全集（第 2 卷）[M]. 北京：人民出版社，1957：103.
③ 李景鹏. 权力政治学 [M]. 北京：北京大学出版社，2008：21.

有一种相对稳定的关系形成。

随着资本对村庄的垄断，村庄集体组织陷入困境，村庄发展开始走下坡路，村民难以抵抗资本掠夺与权力斗争的双重挤压，再加上对村庄发展前景感到迷茫，多数年轻人以及一些老年人纷纷离开，村民开始自寻出路。自20世纪80年代中期第一批外出经商务工者离开村庄至20世纪90年代中后期，村庄陆陆续续外出打工的有四五百人，这些人脱离集体组织，外出寻找谋生的出路。加之当时通信还不发达，外出经商务工的人们与村庄的交集也仅仅是每年春节回村探亲访友，渐渐不再关注村集体的事务，对村庄的感情也逐渐淡漠。"最早一批出去做生意、打工的人基本都定居在外面了，上海、西安、南京、广州、北京都有咱村的人。起初，逢年过节还都回来探望一下亲戚朋友，后来，家里老人去世后，他们就再没回来了。"

村庄的村民没有了集体组织的庇护，也都开始自寻出路。"以前我是咱村糕点坊的，后来糕点坊那块地被征用了以后，我就自己单干了，自己开了这家面包店，一开就是几十年，面包蛋糕都能做。"还有一些村民改行做了养殖业、运输、园艺工等。对于这些村民而言，他们的利益在集体中无法得到满足，对于共同体归属感不强，也缺乏和村民一起奋斗的经历，很快就实现了自身的"转型"，即形式上退出村庄，寻找更为合适也更具理性的选择。留在村里的年轻一代，为挽救村庄集体资产流失做了很多努力和尝试。对于大舞台被变卖，村民也是怨气较深。"大集体时代生活贫困，但精神富足，毛主席能唤起工农兵千百万，群众有使不完的力气。现在一腔热血想与村干部争个说法，变卖的资产说是投资失败，但是我们的舞台被拆了卖了，说好会新建一个，至今没有落实。"①

村民对党支部书记L的态度采取了相应的行动策略。同时，村庄共同体各成员在资源占有、利益偏好、价值取向等方面发生了变化，其行动也发生了分化，进而使得相互之间的共同利益日益淡化，合作逐渐失去了意义。他

---

① 来自Y村村民冯某的访谈。

们的行为策略趋向保守，不再将时间和精力放在维护村庄共同体上，而是采取了"自扫门前雪"的行动策略，尽可能在最大程度上维护自身的利益。而对于村庄最大的期许重建村庄大舞台，是大多数村民的诉求，村民组成申诉团队，在村委会与村干部进行一番争论，希望能为村民解决没有舞台的问题，争论无果后，也尝试过到乡政府找领导申诉。据村民表述："舞台是全县最大的舞台，1961 年由工程队承建的大礼堂，砖混结构木质屋架，门厅为宫殿式，设有阳台、观众厅，天花板中央挂有莲花灯盘，四方装有仿星月式照明灯，与天花板上描绘的云彩相互辉映，浑然一体，建筑面积 1000 平方米，造价 10 万多元。"大礼堂是村民休闲娱乐之地，也是村庄曾经辉煌的象征，因此成为老一辈村民最强烈诉求，他们或是通过这一需求诉说他们的不满，或是在不断流失的资产中抓住仅有的能争取回来的文化设施。

总结而言，村民的不同选择，即不愿意去企业上班、状告村干部、争取重建大舞台，都是基于自身所做出的合理抉择，个体理性选择与行为的结果是共同体的式微。首先，村民的要求重建大舞台是综合考虑资源占有、利益偏好、所处境况等因素后，所选择的相对最优解，是趋于利益的选择，村庄集体资产的流失、利益的分散、土地权益的受损等使得村民参与村集体所能获得的收益不断减少，他们在村庄共同体中的获得感降低。为了维护自身的利益，他们根据自身的优势与资源探寻各种有利于自身发展的生存路径，这都是与村庄共同体的分离，只是程度不同而已。实际上，村民认同村庄权威与公权力的基础在于对村干部执政能力、个人威望的信任以及其为村民带来的公共福利，而权威的弱化也源于此。村庄共同体的主导权威与村民之间的权力关系发生变化，有条件的村民采取了各自理想抉择后的退出策略，村庄共同体的式微也由此开始。

村民的各种退缩也反映了在小范围内的权利相互作用的逻辑。波普金在探讨"保护人—被保护人"关系时指出，地主与佃农之间的权力平衡随着双方议价能力的变化呈现出一种动态趋势。① 著者认为，村庄权力的变化也处于动态变化中。克罗齐耶和费埃德伯格也指出：所有的个体行动者即使在权力关系中处于弱势，也始终拥有自由选择和行动的能力②，即所谓的"自由余地"。行动者的自由余地取决于自身的能力、财富等资源，权力因此存在于各方参与者所支配的自由余地之中③。对于村民合理抉择问题，很多学者认为村民在做选择时，除了要考虑个人与家庭的福利以外，还需要顾及亲友、邻居、村庄等其他因素，但他们的行动动机与目标是利益的最大化。然后在本案例中，尽管置于首位的依旧是个体利益最大化，但却也存在满足"相对最优解"的情况，即村民所期望的并不局限于经济上的利益，而是对村庄日常生活、目前情况、村庄建设等进行理性权衡后所做出的合理抉择。

第四节 小 结

在农村社会，土地问题是非常复杂而且敏感的。在 Y 村，由于土地流转、转性等原因，村民与村干部发生了利益纠纷，由此引发了农民的多次上访和抗争。农村集体用地所有权与重新配置很难理清与落实，村民之间建立起来的牢固的利益共同体被瓦解，合作的信任基础被破坏。

20 世纪 90 年代以后，村民围绕村庄土地、大舞台、种子公司和乡镇政府大院的使用权问题上出现了诸多争议，包括舞台被拆除、企业占地不能按时发放流转费、干部私下就要将种子公司的地变卖等。随着集体化时期积累的村庄资源的不断流失，村民与村庄共同体之间的共容利益进一步减少，曾

---

① Samuel Popkin. The Rational Peasant：The Political Economy of Peasant Society ［J］. *Theory and Society*，1980，9（03）：427.

② ［法］米歇尔·克罗齐耶，埃哈尔·费埃德伯格. 行动者与系统：集体行动的政治学 ［M］. 张月，等译. 上海：上海人民出版社，2007：3.

③ ［法］米歇尔·克罗齐耶，埃哈尔·费埃德伯格. 行动者与系统：集体行动的政治学 ［M］. 张月，等译. 上海：上海人民出版社，2007：54.

经的村庄治理精英，作为利益个人，经过理性思维所做出的以权谋私、满足自我利益最大化的行为，进一步加剧了其与村民之间的矛盾张力。这种村治权威的谋利，侵害了村民的利益，村民选择拒绝入企上班，采取抵抗的方式表达对基层政府与村干部"合谋"的不满。之前建立起来的村庄权威也受到挑战。可见，不同于此前的集体化时期，这个时期村级组织失去了对村民的管理效力，干部与村民的利益不再一致，村民无法在集体组织中获得收益，也享受不到集体的福利。在村企一体的模式中，企业效益的提高意味着村民收入的增加，然而，在案例村企业的发展与村民的收益几乎毫无关系。本该属于村集体的资源，在村干部一系列以权谋私的决策下流入企业，村民并不能从中获益，村民与村庄权威利益基础不再一致，也无法寻得村庄共同体的庇护。与集体化时期不同，家户经营以一家一户为经济单位，使得村民更看重自身的收益，对在村集体中自身的得失也更为在意。随着村干部与村民之间的利益分歧不断增加，村民开始了反抗，逐渐从集体组织中脱离出来，切断了与村庄权威之间的联结，走上了与村干部抗争的道路。集体主义失去了生存的土壤，个体主义倾向开始盛行。

第四章

权力更替中的利益争夺与村民抗争：村庄共同体分化

随着人民公社的终结以及家庭联产承包责任制的实行，国家权力逐步从乡村社会撤离出来，基层政府的组织资源大幅下降。国家权力在很大程度上处于衰变之中，与此同时，村民自治的推行对村庄的权力格局带来了一定的冲击，改变了长期以来形成的权力分配惯性。Y村村民上访告状的过程，同时也是村庄又一权力中心形成的过程。这一时期，"上访派"在村庄中的威信得以确立，新旧权力之间的较量激化了村庄"两委"之间的矛盾。新的权力分配方式一旦正式、彻底地落实，旧的不为选民所认同的权力分配格局就难免要受到冲击，甚至被迫改变。① 在集体经济衰落后，随着企业派利益与村民个体利益的冲突不断加强，村民发起了逐步升级的抗争，导致了村庄共同体的分化。

第一节　权力争夺与矛盾激化

面对政社一体制的废除，国家需要迅速填补基层权力的"真空"，解决当时面临的村庄公共权力和基层组织的无序状态。1982年，在全国第五届人大五次会议上通过的宪法中有正式确认村民委员会所处的法律地位的相关条

---

① 肖唐镖，邱新有，唐晓腾. 多维视角中的村民直选［M］. 北京：中国社会科学出版社，2001.

例，为村民的自治权利提供了法律依据。至 1985 年，村民委员会在全国范围内建立。生产大队管委会制度的公共管理角色被村民委员会替代。① 从 20 世纪 80 年代开始，随着村民委员会的正式产生，农村党支部和村民委员会之间的"两委"关系也由此形成。

一、新旧两派的权力争夺

"权力的概念包含了许多准同义词的基本含义：影响力、权威和控制。"② 政府权力实质上是一种公共权力的实施，权力具有吸引力的根源在于它能产生的经济收益。"人们喜欢的是从权力得到的利益。如果握在手上的权力并不能得到利益，或是利益可以不必握有权力也能得到的话，权力引诱也就不会太强烈。"③ 对于基层政府来说，公权力是其掌握的最大资源，而这份权力在没有完善约束机制的情况下，可能异化为其获取利益的手段。从在村庄资源不断流失、种子公司"私下"被占用中，乡镇的不作为到变卖乡镇政府大院中，乡镇政府谋利，村民对基层政府失去了信心。村民认为乡镇政府成了谋利型政府，无法再保证村民的权益，于是他们期望能有一个干部解决目前村庄的困境，被称为"上访派"的 G 某由此成为村民权益的"维护者"。

G 某积极参与并领导村民进行土地权益之争，无论是对种子公司要被占用的事件还是乡镇政府大院被卖，他都积极参与，为村民发声，自然成为村民利益的维护者。矛盾的根源是村里的资产一直流失，村民对企业派村干部不满。村民的参与意识很强，也并不是就要把这些资产要回来，还是提出要"交账"。"我们当时也并不是就非要把这些资产要回来，就是觉得村里的资

---

① 景跃进. 当代中国农村"两委关系"的微观解析与宏观透视 [M]. 北京：中央文献出版社，2004.

② [英] 戴维·米勒，韦农·波格丹诺. 布莱克维尔政治学百科全书 [M]. 邓正来，等译. 北京：中国政法大学出版社，2002：610.

③ 费孝通. 乡土中国 [M]. 北京：北京出版社，2009：58.

产都是大家共同奋斗下的，是卖了还是做生意亏了，应该给大家一个说法。"① 基于这种需求，2003 年，G 某通过村委会被高票推选为村委会主任，在当选的述职大会上，他就提出要让上任村干部将之前的村庄财务向村民公开。无论讲 G 某是想代表村民，为村民争取利益而发声，还是年少气盛，想快速树立自身的威望。这一行为，最直接的后果是引发了 L 某和企业负责人的不满，支部书记 Z 某对此事也耿耿于怀。据当时村委会委员回忆，"支部书记 L 某在村里当了二十几年的干部，当时面子上就下不来，回去就跟跟随他的干部提出，一定不让 G 某入党，下次选举也不会再让他担任村委会主任"。支部书记 L 某谈道，"20 世纪 70 年代，周边几个乡镇里能配上电影机的也就咱公社，每次放映电影，周边邻村的都要赶来看，场面热闹得跟过节似的。当时，他（G 某）还是村里的电影放映员，每次放电影，都要上午去还拷贝，取拷贝，晚上放映，过程中有一些技术难题，他就能处理了，组织能力和解决问题的能力都很强，我们这批老干部也是有意把他当接班人来培养的"②。

在被高票推选为村委会主任后，G 某在全体村民大会上提到，要"翻旧账"，即对支部书记 L 某工作这几届的财务进行清算，这与政府对离任干部的经济审计不同，是新上任的村委会主任要求老班子成员对之前的账目列一个明细，给群众一个交代。"其实，就是群众想知道之前卖掉的那些资产收益了多少，收益的钱都花在哪儿了。"这是村民正当的诉求，但这一行为激怒了支部书记 L 某，他当即采取了措施。"当时和 G 某搭班子的是 J 某，他们两个都是满腔热血要建设村庄的年轻人，J 某当选村党支部书记，G 某村委会主任，他们两个是很要好的朋友，一起回村参加竞选，也都是高票当选，因为在集体散了以后，村民寄希望于年轻的干部，上任的都是年轻精明能干的干部，年轻人想法多，推选他们出来也是希望能带领村庄发展一些产业，改变现在集体不断衰变的景象。但是，年轻人做法有些激愤，有些做法

---

① 来自 Y 村村民张某的访谈。
② 来自 Y 村村干部李某的访谈。

也是初生牛犊不怕虎。后来，据村里人说 J 某坐火车送孩子外出上学，老支书就派人跟着一起上了火车，送完孩子回来他就主动辞职不再担任村党支部书记。有的人说他是被威胁了，有的说是企业负责人 LQ 给了他一大笔钱，让他不再插手村里的事情。"就这样，J 某在竞选村党支部书记成功后，任职时间没超过三个月，就向乡政府提出辞掉这一职务。提到当时的情况，G 某也说道："我翻旧账得罪了老支书，他当时就跟村里的干部们讲，只要他在村一天，就决不让我再当干部，不让我入党。"①

党的十一届三中全会以后，随着农村企业负责人群体的崛起，"企业主当选村干部"已不是个别现象，许多学者对这种现象进行了充分研究和分析，如卢福营等提出，"中国改革开放以来，农村私营企业主阶层在经济社会发展中迅速崛起，并积极参与村级民主选举，介入农村政治生活，成为嵌入村民自治的重要变量"②。在公司规模持续扩大的过程中，企业的负责人 LQ 也积极参加了村民选举。

在 2008 年换届中，企业负责人超出 G 某 9 张票当选为村委会主任，村委会选举不再是村民直接意见的表达，而成为双方派系争夺的途径。"LQ 虽然是支部书记 L 某的儿子，但是一直在外地做生意，也是第一次回村当干部，他竞选的时候，老支书发动了很多原来的小队长让帮忙宣传。他也承诺，有企业为基础，在他上任后一定第一件事就是把村庄舞台重新修建起来，带领村民发展肉鸡产业，带领村民致富奔小康。"在企业负责人担任村委会主任的一届里，依旧是发展企业，而对村庄事务管理较少。"LQ 在村担任三年村委会主任，之前答应村民的舞台也没见着影儿，企业的项目倒是越来越多。"于是，在 2011 年的换届选举中，村民又重新将村委会主任的选举票投给 G 某，3000 张选票，G 某以 2800 票重新当选。双方的你争我夺，都是对村庄权力的争夺，根源在于双方都想争权。

---

① 来自 Y 村村干部郭的访谈。
② 卢福营，祝伟华. 村委会选举中私营企业主的竞选行为——以浙江省永康市龙村为例 [J]. 学习与探索，2009（02）.

支部书记 L 某、G 某以及企业负责人本都是村庄的治理精英，G 某与企业负责人同龄，小学中学时都是同班同学，如果没有双双参与到村里的斗争中，彼此关系也还是不错的。G 某也提到，支部书记 L 某也曾给予他许诺，往后的班让他来接，以此条件换他的"听话"和在一些事情上的支持。但集体资产不断流失，以及村民想要维护村庄资源的诉求，让村庄权力格局发生了变化，支部书记 L 某的村庄权威逐渐被动摇。

二、"上访"主任的当选

在两次较大的土地之争中，G 某都在其中起到了带头的作用，这使村民在与支部书记 L 某一批的村干部和企业的抗争过程中形成了有效的组织化行动。在乡政府大院使用权的争夺中，虽然是村民败诉，但 G 某在两年的官司中，得到越来越多村民的支持，在村民中的威信也逐渐树立起来。"企业要占乡政府的地，那是咱全村集体的地，不是人家 G 家一家的地。那几年为了和企业、政府打官司，他带着身边那几个人，收集资料、写上诉材料，跑县里、跑地区，一年下来家里都扔下不管了。按理说，GWY（G 某的父亲）是在村里当过老支书，当时干得也挺好，群众也都很认可，但 G 某毕竟还年轻，影响力肯定是没法跟老支书 L 某他们那些老干部比。不过，两年下来，大家都对 G 某心服口服，他顾不上管自家，都是带着那几个人跑前跑后地在张罗这件事情，大家说凑点经费给他们用，没有人拿，那几个年轻人都是自己掏腰包，花自己的钱给咱村打官司，是他们的所作所为让群众信服。"①

在老支部书记 L 某也因身体原因不再担任支部书记后，推选出 W 某担任支部书记，由于再没有合适的人选，W 某连任三届支部书记。W 某在任期的三年里，没有在本村发展党员，不注重后备干部的培养。从企业转入的党员，部分党员素质偏低，在两名由企业转入村的党员进入支委班子后，群众对党支部的信任度降到最低。村庄党组织被县级确定为软弱涣散党支部，Y

---

① 来自 Y 村村民尉某的访谈。

村党组织的发展也遭遇了瓶颈。相比变卖村庄无数资产的支部书记 L 某，村民普遍认为现今的村干部还算是好干部。"之前我们的那些机械厂、豆腐坊、粉坊、榨油厂也都没有了。如今的村长带领大家去上访、讨说法，也是争取我们的合法利益。这使得他得罪了老支书一派，在对方的压力下开展工作也是举步维艰，但他是实实在在地在给村里办事。前年，村里修下水道，村长连着半个月天天在现场监工，哪不合适就要求工人们及时调整。一站就是一整天，村民看着心疼，叫到家里吃饭他也不吃，就路边买个饼子、一瓶矿泉水，饼子就着水啃。"① 对于村民来说，他们的要求很简单，对村干部的期许无非就是有权威领导，能带领村民发展适合自己村庄的产业，实现致富增收，为村庄带来经济效益，而不对村民的经济生活进行干涉；在传统道德层面则是为群众考虑，不以权谋私。而支部书记 L 某不但将村庄资源陆陆续续转移到自家企业，在新一任村委会主任上台后，依旧对村子的各项事务进行干涉，这显然不符合村民的理性类型。

据村委委员表述，"我们当时是冲村长这个人入的村委班子，他是个实干家，是真的想为村庄办些事情。我们几个才一起参加竞选入的班子，这两届我们是怎么干的，都是自己贴钱自己干，像环境卫生检查这种事情属于村务，应该从集体走账，村里的账动不了，都是我们自己出钱，谁经受事情就谁出。这样下去，不管曾经有多少建设村庄的激情，在现实面前也被消磨得没剩多少了"②。但是，比起"吃力不讨好"地为村民办事，支部书记 L 某用集体资源谋利和企业负责人只顾企业发展而不顾及村民利益的方式更让村民不能接受。于是，在"两害相权取其轻"的心态下，村民认为相比老干部 L 某和企业负责人，至少 G 某是不贪公共资产的，算得上是能让大家信服的好干部。

对于利益导向的村民来说，之前形成的利益共同体被打破，村庄公权力被私人化，支部书记 L 某以权谋私的行为损害了村民的利益，引发了村民的

---

① 来自 Y 村村民张某、石某的访谈。

② 来自 Y 村村民尉某的访谈。

抗争行动，与村级组织之间的经济联结被切断；另一方面，村民又寄希望于权威在村庄各项事务中的领导作用，希望村治精英能够在他们需要的时候提供帮助、担起责任。在企业负责上当选并不为村民考虑后，G某成为村庄多数人利益的代表者。在之后的选举中连续两年成为多数村民坚定推举的人选。

三、从村企矛盾到"两委"矛盾

对于村庄长远发展来说，村庄有企业进驻能够为村民提供就业岗位，带动村庄经济的发展，对村民来说是有利的事情。但已任村党支部书记的L某与企业的负责人是父子关系，据村民谈到，当时在任的支部书记L某把更多的精力放在自家企业经济的发展上，和部分支持他们的村干部自行结成联结，成为企业的核心领导力量。在随后形成的村庄派系斗争中，企业党支部与村庄党支部之间逐渐出现了张力。企业支部的党员组织关系转接回村，而村庄支部长期不发展党员的状况，使得L某和企业负责人在村庄事务上争夺决策权，村企矛盾转化为村"两委"矛盾。

随着我国经济体制的改革和发展，私营经济发展迅速，其自身的制度也日趋健全。党的十七大指出，要全面推进农村、企业、社区、机关、学校、新社会组织等基层组织建设。① 在新的环境形势下，私营公司的党建工作是巩固党的群众基础，加强党的执政能力的重要措施。顺应民营企业党组织建设的要求，2007年，企业内部成立了党支部。村庄企业的成立，使村民有了工种的分化。同时，在差序格局下，老支书L某利用自己的职权之便，将很多自己队和不是自己队的"自己人"安排进企业担任管理人员，村庄的利益共同体从内部被切割开来，农民开始有了收入和地位上的落差，这也为之后的村民与企业之间的激烈冲突埋下了隐患。

---

① 胡锦涛. 高举中国特色社会主义伟大旗帜 为夺取全面建设小康社会新胜利而奋斗——在中国共产党第十七次全国代表大会上的报告 [M]. 北京：人民出版社，2007：38-39.

由于支部书记 L 某对村级资产的处理引发了村民的不满，而企业"又是由他们家办的"，权威的弱化使得 L 某的企业在成立阶段无法得到村民的响应，村庄集体资产的流失使村民们不再认同支部书记 L 某对村庄资产处理方面的决策。村治精英从保护型向谋利型转变，不只是经济层面的，还包括组织层面的，这也是权力运作的结果。据党员讲述，"现在班子支委委员里的 S 某就一直想在村支部入党，他人品不好，总爱喝酒，喝完酒还老在村里闹事，在村里递交入党申请好几次，当时的支委班子和多数的党员都不支持，就没通过。后来企业成立党支部以后，就去企业里入了党。说是在企业上班，其实就是挂了个名，实际并没有上过班，就是为了入党"。① 依据《中国共产党农村基层组织工作条例》第二章第七条规定，农村经济组织、社会组织具备单独成立党组织条件的，根据工作需要，可以成立党组织，一般由所在村党组织或者乡镇党委领导。② 企业党支部成立之初，由乡镇党委分管，后转交由县级非公党委分管。由于村庄派系矛盾的斗争，村庄党支部在 2010 年之后没有新发展的党员，但有不少从企业党支部转接组织关系到村庄党支部。非公党组织在成立之初，提倡开展党建工作，发展本土党员，扩大党组织的覆盖面，从而达到推动企业快速发展的目的。然而，Y 村有本村的企业，这就存在企业党支部和村庄党支部交叉的一个问题。"他在企业入党咱也没有发言权，就是当时企业支部成立之初的三个党员举手表决就把 G 某发展成为党员，结果第二年 G 某要求转接组织关系到村里的党支部，那时候他就有意要竞选支部委员，然后担任党支部书记了，大部分党员都是有意见的，但是他是本村的村民，人家不在企业上班了，组织关系回咱本村也是符合程序的。"③ 据统计，从 2008 年开始，从企业支部转回村庄支部的党员有 23 名，这 23 名党员其中有两名通过党支部选举竞选担任村支部委员。企业通过转接党员到村的方式，试图掌握村党支部在村庄各项事务之中的决策

① 来自 Y 村党员冯某的访谈。
② 《中国共产党农村基层组织工作条例》，2018 年 12 月 28 日。
③ 来自 Y 村党员臧某的访谈。

权，双方权力的争夺由企业负责人和 G 某之间的争夺变为村庄党支部和村委会之间的争夺。

有一些党员就企业支部转接党员到村的情况，也多次向乡镇党委反映，但企业发展党员符合程序，转接回村党支部也没有什么问题，乡镇党委对党员提出的这一问题也没有解决办法。再者，企业只是占地在村，乡镇政府对企业没有管理权限，只是需要提供水电等服务，如果企业有生产安全事故，乡镇有属地管理责任。比如，有员工在企业上班，领不到工资，乡镇政府要承担责任，这些虽不在乡镇政府管理权限内，但按属地管理责任，乡镇依旧要被追责。对此，部分党员表示了他们的不满，"企业党支部成立的时候就是厂子里 3 名党员就组成了党支部，那是企业负责人说了算的党支部，不能代表村庄全体党员的意见，但是现在村庄 10 年不发展党员，老党员渐渐都没了发言权，新发展的党员又都是从企业支部转回来的，这样子党员队伍就乱套了，没了个章法。对此乡镇党委也不管，很明显这无法保证党员队伍的纯洁性"①。企业党支部与村庄党支部之间的张力使得村庄党员内部出现了嫌隙，削弱了农村党支部的战斗力。

第二节　利益争夺的全面化

在政治上，村民是处于弱势地位的。政治权利是构造政府和被治理者之间的关系的权利。本书提到的权利是指村民群众的政治权利，也是村民参与并影响村庄政治生活从而得以在村庄的政治领域达到自我实现的权利。在 Y 村，长期的村庄派系斗争使得村民在政治参与中成为受动者，在村"两委"换届选举的过程中，竞选人对党员和村民的选票都是极力争取，但他们在掌握村庄公权力之后，就又开始了双方的利益争夺和相互制衡，村民逐步被边

---

① 来自 Y 村党员冯某的访谈。

缘化，村民的主体地位也被忽视。村民在利益受损后，无法以平等的政治地位和权利与村干部进行利益博弈，在自身权益的保护中处于弱势地位，甚至需要靠其他社会群体的帮助来实现。

一、政治资源的争夺：村委干部入党难

针对村庄长期存在的派系斗争、"两委"矛盾的情况，山西省委、省政府在全省各地农村第六届村委会选举时，就提出按照"两推一选"的办法，由村中的党员和村民各自选出一名代表，经过上级党委的审查，再进行党内选举。其具体步骤是：由乡、村两级党组织对原有党组织进行审查，并提名新的党组织书记，由党员和村民代表共同投票表决，凡是票数不超过半数的，不能成为下级党支部的初选人选，超过一半者成为初步人选，由乡纪委进行审查。在正式人选被确认后，新的支部成员将通过全体党员的投票表决。① 但由于 Y 村的基层党员基数较低，干群关系也比较紧张，所以必须要根据《村民委员会组织法》进行村委会选举，然后实行"两推一选"。

根据《村民委员会组织法》的规定，村民委员会的主任、副主任、委员均应通过村民直接投票选出。没有任何单位或者个人可以指定、委派或者更换村民委员会的人员。② G 某在四次村民代表大会上均以高票数获选。换届选举是严格按照法律程序执行，在村庄选出了让多数村民认可的村委会主任，但却不能保证能选出一个强有力的"两委"班子。许多村庄依旧面临着很多矛盾，比如党支部成员和村委班子成员之间能否团结协作。Y 村就是这样，原本的村民在竞争中被打得落花流水，但在村委的选举中，他们获得了胜利。参加选举的人都是普通的村民，没有参加选举的条件。

Y 村的村委委员都是在 2014 年度全体村民的集体请愿之后选出的，全部都是不合格的，而且在那时的村委换届中，根本没有参加的条件。而那些因

---

① 董江爱. 中国农村基层民主与治理研究 [M]. 北京：中国社会科学出版社，2012：96.

② 《中华人民共和国村民委员会组织法》（2018 年 12 月 29 日修订）。

上书而离职的领导们则联合起来，全力争取党组织，企图将一班人从政治舞台上拉下来。村庄已经 10 多年没有发展党员了，现在已经有 20 多名党员组织关系转回村，其中有一部分人已经在村里担任了职务。而且他在任职期间，为了维护党内的权益，可以得到部分党员的拥护，从而赢得了"两推一选"的选举。很明显，村党组织和村委会是两个极度敌对的力量，他们之间的矛盾，最后损害了他们的权益。事实上，在村民上访后，新当选的村支部书记也曾经提出过要加入村党支部的要求，但是因为前一任村干部从中作梗，导致村委班子中始终无人能够顺利入党。

在访谈中，一位现任的村委主干讲道："每年积极分子培训的时候，我们 5 个老积极分子都参加，年年培训，年年学习，年年入不了党。现在我们和党课培训的老师都成了老熟人，讲的内容我也都能背得滚瓜烂熟了，同班级的参训学员一批又一批地都毕业了，我们留级留了好几届。我的入党申请书写了有十几份，很多人不理解我为什么年年递交申请，因为我爷爷是集体时期的副业股长，当时全村人敬佩的干部，我小的时候爷爷每早每晚绕村庄一周，把周边的树、村里的厂子都转一遍，我就坐在爷爷的自行车后座上，受爷爷的感染，我对党和村庄都有一种深厚的感情。"[1] 然而村"两委"矛盾直接的表现就是所有村委干部都无法入党。村民也有诸多感叹，"3000 人投票投出来的村委会主任，群众基础也好，有一个为村民办事的公心，可怎么就入不了党。""多年的斗争经验，让老支书已经抓住村庄斗争的核心就是要掌握村党支部。"在双方的争夺中，村庄出现了两委班子"面和心不和""两张皮"的问题，双方谋划工作时都只考虑"小集团"利益；再者全村党员，参政议政的意识较强，但大部分都是从个人利益出发，党性意识欠缺，选不出一个能够稳定大局、推动发展、团结带领群众致富的领头人，村庄党员中也存在着宗派主义和山头主义。画圈圈、画线线，结成小利益集团，判断一件事情的对错首先看是谁的人，是我的人就什么都对，不是我的人就没

---

① 来自 Y 村村干部冯某的访谈。

问题找问题，小问题说成是大问题，没有起码的是非观，更谈不上村庄发展的大局观。这些问题严重影响着村庄内部的团结，制约着村庄党组织的发展。

在村庄换届选举中，双方用尽了各种方法和手段来争夺选票，一切的工作都是为了斗争。最终发展成为"你主张的就是我反对的""谁干都可以，但只你干就不行"。农村基层党组织与村民自治之间这种尖锐的矛盾冲突，以及农村精英主政、家族势力、派系斗争的局面，使农民对自治制度失去了信任，影响农村社会稳定，农民生产和生活陷入了无序状态。

二、土地资源的争夺："麦田事件"

村庄现有的龙头企业自 2005 年成立，2019 年企业已经发展成为在夏县农牧行业有一定影响力的公司，下属 7 家子公司，员工 300 名，经营范围涉及饲料、养殖、食品、商贸 4 个领域。

为了解决粪污污染问题、生活餐厨固体垃圾和污水处理的污泥问题，建设颗粒有机肥生产线项目，企业在村庄征地 105 亩，涉及 Y 村十一组、十七组两个居民小组共 55 户。项目征田地 100 多亩，涉及村民 55 户。签订了补偿协议的有 45 户，未签订协议的 10 户。其中十七队（支部书记 L 某所在的小队）有 5 户，每户被占地都是 2.5 亩左右。剩余未签字的村民对征地都是坚决反对的，"这里的农田是我们几辈人的口粮，虽说答应要一次性补偿四到五万，但之前征村里的地就没有一次性给完过，我们全家就剩这两亩多地，企业一直扩充土地还要永久性占用，补偿也不知道得多少年才能到位，我们的饭碗丢了，也没有其他经济来源，那以后的日子怎么过"[1]。

为了加快项目建设，企业在被征地 55 户完成 45 户之后，对先征回的土地附着物进行了处理，即在 5 月初，对征收的麦田里的麦子进行了铲除。"5月份地里上百亩的麦子，已经长得约有一米高，整整齐齐，麦穗饱满。然

---

① 来自 Y 村村民于某的访谈。

而，5 号的大清早，铲车和挖掘机就进了地里开始铲除。当早起锻炼的村民看到的时候，地里十几亩的麦子已经被铲完，麦子散落满地。"① 企业的这次征地，村民都是知情的，但铲除麦子这一行为引发了群体性的不满，彻底激发了村民与企业之间的矛盾。

之所以把麦子铲除，据乡镇人员说是由于市级领导要来检查项目推进情况，县级领导要求尽快解决征地问题，在 5 月份动工建设，因此才不得已采取了这种过激的方式。然而，村民对这一说法是不买账的，他们认为支部书记 L 某已经把村庄集体资产都卖得差不多了，现在仅有的土地也要被企业负责人占用，即便是可以享受到相应的补偿款，但毕竟村民要永久失去土地。而且被征地的十七队全队加起来的土地一共只有 280 亩，两次征地被征用的土地将近 150 亩。虽然短期内得到了几万元的补偿款，但于村民而言就是不划算的。在 10 户村民还未同意的情况下，企业为了项目的推进就把即将成熟的麦子都铲除了。"好好的麦子就给推了，再有半个月成熟就能收了。100 亩的地也能打至少 8 万到 10 万斤的麦子，就这样被铲除真的是在糟蹋粮食。"

据企业代表表述，他们并没有铲除未签字村民的麦田，会在后期征得同意，补偿到位后再行铲除。但是在长期与企业的斗争中，村民维护自身权益的觉悟也在不断提高。他们提出了如果不同意地被征用，可以跟愿意征地的村民换地。换地可以，但是要把土地确权证办好发到我手里，我才能同意。光是口头答应，没有手续的交接，肯定是不行的。关于项目的土地手续问题，企业表示自 2 月份项目上马以来，一直在办理相关手续，因程序复杂，流程较多，还未办理完成。自中央政府要求土地确权以来，整个乡镇只有 Y 村还没有办理土地确权手续，村庄的土地问题存在很多争议。

此次征地村委会与村民签订协议，根据县级政府安排，进行征地。但是由于企业长期对村庄资源的占有，村民对其产生了排斥的心理，以至于在支

---

① 来自 Y 村村民冯某的访谈。

部书记 L 某的小队征收土地都遇到了诸多困难。"也并不是一开始就不信任的，起初大家对老队长、支部书记 L 某和企业都是相当信任的，但这十几年里，企业征的很多地都是用以租代征的方式，并没有一次性发放到村民手中，经常存在拖欠的情况。"对于此次征地村民都是持质疑态度的。不愿意征地的农户主要有三个原因：一种是存在思想顾虑。有三户因自家坟地在被征用地块上，而他们在外做生意或者儿孙在外，顾虑到迁坟后会对家庭经营造成影响，影响家庭生意或其儿孙的生意收入，故不同意土地征用。第二类是存在历史矛盾。部分群众与企业负责人 LQ 和其父亲老支部书记 L 某存在矛盾纠纷，主要有家人在企业上班，不满一直上夜班而辞职，有的因为企业负责人 LQ 在任村委会主任期间，没有为其办理低保和发放危房改造款项，由此产生矛盾。还有三户自己或者家人和老支部书记 L 某存在积年矛盾，要求按照每亩 9 万元的标准进行补偿，否则就不同故意征地。第三类因其他原因。有一户认为补偿金额达不到自己的要求，不同意；一户因家庭内部就征地补偿金的分配没有达成一致而尚未签署协议。

据乡镇政府人员说，为了加快村庄征地进程，企业还在村庄组织了多名跑腿员当"说客"，在被征地的 55 户村民家中进行游说，直至他们同意征地事宜并签订协议。而企业给这些跑腿员的报酬是每天每人 100 元钱，一包价格大约 10 到 20 元的香烟。贺雪峰认为，农村社会是熟人社会，农民在采取行动时，会对成本与收益进行计算。很多时候，他们更加注重与他人进行比较，根据与他人的比较进行社会算计，以此来确定采取什么样的行动策略。[①]随着麦子被铲除事件的进一步扩大，征地的补偿标准和村民的补偿款都被散播到村庄各个社交群中。由于以往的征地都没有统一的标准，存在企业和支部书记 L 某对一些干部的人情照顾，补偿款拿得相对较少的村民也参与到此次的抗争中。村民的抗争由之前未签订协议的 10 户扩大到几十户，在这一过程中，村民采取了激烈的抗争，征地是在乡镇政府的推动下进行的，上访

---

① 贺雪峰 . 熟人社会的行动逻辑 [J]. 华中师范大学学报（人文社会科学版），2004（01）：5-7.

村民知道找乡镇政府无法满足他们的诉求，便自发组织去麦田跟企业负责人和施工人员抗议，提出要把问题都解决后才能对麦田进行占用，在抗争无效后，村民将麦田里施工工人的车辆掀翻以表达他们的愤怒之情。

对于"麦田事件"，村民关注的重点并不是事件本身，而是这事到底是谁在干，L某干就可以，G某干就绝对不行。如果是G某干，L某就绝对不行。Y村村民上访告状的高峰期，在每年农闲时期和村"两委"换届选举前半年到一年的时间，L某和G某都是为了"争一口气"而相互告状，谁都想在这场权力的斗争中占得上风，结果让告状成了一种恶性循环，村"两委"干部的斗争，最终造成村民利益的损失。村民政治权利和参与权利的缺失，进而让村民对村庄的发展表现出的是一种冷漠的态度，这也就能解释为什么乡镇党委书记在2019年进村访谈后，得出的结论是Y村保持中立的党员占到全村党员的66%。

三、项目资源的争夺：理财小组的制约

随着人民公社的解体，村庄不断衰落，集体资产逐渐流失，而企业却不断发展壮大，村民将这一切都归结村干部的腐败，并由此不断到各级政府上访告状，要求清查村财务，对村庄干部进行追责。村庄财务问题也因此成为较为敏感的问题。在政治上，Y村按照《村民委员会组织法》的制度安排实现了村民委员会换届选举的成功，但村务监督等事宜均受到村庄党支部的操纵，民主选举之后的民主监督并没有提上日程。村庄权力中心仍然是党支部书记意志的执行者。村里大小事务由支部书记说了算。选举产生村民理财小组是将村务公开的制度落实到村级治理的实践，Y乡镇各村均在村民代表会议内部设立了村民理财小组和村务公开监督小组，并规定这两个小组分别由5名成员组成，实行"两套班子、一套人马"的监督制度。村民理财小组和村务公开监督小组由村民代表以无记名和秘密写票的方式集中投票选举产生。

村委会主任G某上任后，尽管也按上级政府的要求，选举产生了Y村的

村民代表，但村级民主理财小组却没有进行更换，依旧是上届班子的理财小组。"理财小组的干部都是集体化时期和支部书记 L 某他们一起战斗出来的班子，如今都七十几岁了，干部也换了好几茬了，他依旧拿着理财小组审核的公章不放权。"新一届村委会班子成员产生后，多次提出要重新选举产生村级理财小组，都因人为操纵的告状而被乡镇政府搁置，以村庄有村民矛盾不能进行更换为由而不再处理。事实上，乡镇政府也明确地知道这是不符合程序的，但是每每当村委会委员提出要重新选举产生理财小组后，都会有村民到乡镇政府和县级政府进行告状，基于"不出事"逻辑，乡镇只能无奈地对这一棘手问题采取置之不理的方式。据村委委员提到，"第一年上任的时候，也是干劲满满，想的咱是由 3000 多选票推选出来的，这是村民对我们干部的信任，但在实际工作中，理财小组对村庄项目和工作的束缚让村委干部的工作实在是难做"①。2016 年在村委班子的多番申请下，村庄申报了一项饮水工程改造项目，补助资金为 30 万元，项目完成后在办理资金流程的时候，需要加盖村委会公章和有理财小组审核字样的印章，理财小组组长以这一项目没有上报给村庄支部委员会，没有征得村支部委员的同意为理由，拒不盖章。项目无法完结，拖了将近三个月，村委会一直无法给施工单位结清款项。在乡镇政府工作人员几次到村进行交涉后，方才盖了章。理财小组拒绝村财务支付工程款项，从民主监督的功能越权成为个人对村庄经济事务的管理。

从法理层面上讲，村民委员会是村民自治权行使的集中委托，同时又是在国家制度主导之下得到的自治权力，所以它具有双重的身份，即代理人和当家人的角色。② 然而，Y 村实际情况是，体制所给予的权利与责任只能说是具有象征意义的存在，村民委员会是在党支部的领导下"有限地"进行一些治理，而其他涉及村庄发展的各项项目投资，都因为双方的矛盾斗争而无法正常开展。

---

① 来自 Y 村村干部郭某的访谈。
② 徐勇. 中国农村村民自治 [M]. 武汉：华中师范大学出版社，1997：291-294.

第三节 多方对立中的持续博弈

张静在研究地方利益关联与整合时提出，只有建构起地方利益共同体，使得内部的各方利益相关化，才能形成内聚整合的基础。① 在 Y 村村庄发展进程中，在一系列政策以及制度不健全的背景下，村庄集体资产流失，村干部谋利化倾向愈演愈烈，村干部创办的企业的利益和村民的利益不相契合，上访告状无果后，村民与乡镇政府之间的冲突也不断加剧。派系斗争最后演变为村"两委"班子成员之间的斗争，在这一过程中，村民的土地权益、政治权益以及文化权益受到侵害，村民沦为弱势群体。村民沦为弱势群体的直接原因在于村庄权力对资源分配的不平等，乡村资源配置中，村民被忽略的根源是基层政权与村干部的权利对村民权利的忽略与侵害，从而使其丧失了应有的权利，而被迫处于社会边缘与下层，在矛盾交织的局面下，各项权益受到损害。政府无力解决，导致村民对干部、对企业、对基层政府日渐不满。

一、利益俱损中的抵抗升级

企业的颗粒有机肥生产线项目自当年 2 月开始实施。夏县政府按照《中华人民共和国土地管理法》、市政府〔2018〕60 号文件精神的有关规定，征地补偿费以及标准土地补偿费和安置补助费为 47061 元/亩；经济林 9000 元/亩；其他作物 7000 元/亩；土地附着物根据相关规定测算。征收补偿款的支付方式是政府拨款给 Y 村村委会，村委会再支付给村民。期限是在村民同意补偿协议并签字后，村委会通过打卡的方式一次性向村民付清全部补偿款。

该项目的成功实施，不仅使长期以来一直困扰企业发展的粪污无害化处

---

① 张静. 基层政权：乡村制度诸问题 [M]. 上海：上海人民出版社，2007：24-26.

置问题得到了有效的缓解，同时，将实现对畜禽粪便、餐厨垃圾的无害化处置，以彻底解决目前夏县畜禽粪便带来的环境问题。更重要的是，企业所产出的有机肥料，可以提供给当地的蔬菜种植户和水果种植户，促进有机蔬菜和水果的产业化发展，解决农户购买或使用有机肥难和贵的问题。这样一来，不仅提高了农户种植的数量，而且，提高了产品质量，逐步将无公害水果、蔬菜的标准提高到有机蔬菜、水果的标准，为当地老百姓提供了更加健康、安全、自然的食品。

但在企业发展的历程中，村民与村级组织、村民与村民之间开始出现隔阂，矛盾不断增多，村民在自身利益的驱动下从起初的抵触和上访逐步升级为对企业的抗争，这一发展演变是农民理性算计的体现。例如，在征地的时候，村民通过各种方式进行破坏，企业内部的人自然会注意到，但当他们询问村民时，村民表示这是无意的。他们只能言语上"敲打"几句，但起不到什么作用，村民也不以为意。面对村民反复且持续性的反抗行为，企业无计可施。"我是反对这次征地的，之前是因为我家二儿子在企业上班，考虑到毕竟咱还挣人家这份钱，也不好说什么。但这次征地做得有些过分，村民都议论纷纷，咱都被外村人看了笑话，全县都是出了名的。"① 正如美国政治家科恩认为的，民主是一种社会管理体制。② 民主的过程是集体参与公共事务的管理，为了让这种进程得以持续，必须建立一个具有共同利益的团体，这个团体中的成员之间一定有着某种共同的利害关系，成员的身份也是一目了然可以辨识的。只有在某些共同利益的社会中，成员们才能团结起来，并参与到共同的事务中去。

这种反抗在村民群体中不断地发生，村民对企业的不满也被逐步放大，无论是找老干部出来帮忙，还是直接找村民谈话，这些措施都被隐蔽、灵活、敷衍等柔性的力量所消磨；而更为强烈的手段，受制于熟人关系网络和

---

① 来自 Y 村村民冯某的访谈。
② ［美］卡尔·科恩. 论民主［M］. 聂崇信，朱秀贤，译. 北京：商务印书馆，2005：44.

法治社会规则也无法实施。企业对村民利益长期受损的不重视以及对这些抗争习以为常不解决，使得村民与企业之间的矛盾冲突日益尖锐。

从 Y 村村民抵抗企业征地事件来看，首先，保护共同利益是村民联合起来采取一致行动的主要原因。对于十七队队员来说，此次征地后，小队将近一半的土地将被征用，而企业和征地村民并没有利益联结，一次性买断的方式，让村民永久失去了赖以生存的田地。当 Y 村村民在资源开发的背景中日益"被边缘化"后，基于平等和利益的诉求，农民选择了自己的方式进行抗争。在企业不断扩张的进程中，村民的观念也在不断变化。"麦田事件"之后，先由被征地村民发起，后不断扩大到村庄其他小队的村民中，他们到乡镇政府、县级政府、市级政府上访告状，对企业在村庄的不断扩张表示抗议。企业无奈只能对颗粒有机肥项目进行重新选址，当年 10 月企业将该项目选址在别的乡镇。这是村民与企业抗争的结果，村民的抗争虽然取得了胜利，但项目转移到别的村庄，无疑对村庄以及该地乡镇都是一大损失。从乡镇层面上来说，市级重点项目的成功落地，往往能够获得上级地方政府部门的关注与支持，项目的建设是增进民生福祉的好事，能够为村庄发展以及乡镇的发展创造更多有利的条件；从企业的角度来讲，选址在别的乡镇，无法与之前的几个公司形成产业圈，打乱了企业的整体发展规划，企业的运营成本也随之增加，因此，项目征地的失败是企业、村民、村庄利益皆受损的一个结果。重点项目推进的失败，对群体性抗争无法应对，让乡镇政府极其被动，政府的权威性和治理能力也受到质疑。

在中国的乡村治理中，村庄治理精英通过制度机制等方式调动村民参与到村庄治理的全过程中，使村庄的发展既能兼顾国家和村集体利益，又不损害村民利益，是乡村有效治理的目标。企业负责人无疑是村庄的经济能人、致富能手，但精英的谋利化让村庄的发展无法兼顾政府和村集体的利益，同时也损害了村民的利益，使得村庄陷入无序化，村民行动走向无规则化。

村民是村庄治理的中心。无论何种形式的乡村治理，都必须得到村民的认可和支持，才能付诸实施。也就是说，任何一种乡村治理都会直接影响到村民的利益，需要村民的直接参与才能发挥作用。家庭联产承包责任制实施以来，生产经营、生活分散的村民有权选择各种村务治理方式，同时也有权自由表达自己的利益。然而，由于乡村的现实背景和现行的法律制度，村民的自治权和选择权受到极大的限制。在乡村治理过程中，村民的被动与积极并存，眼前利益与长远利益并存。对于真正有利益的项目，村民们非常活跃，也有相当多的问题和意见。企业征地的项目涉及的村民较多，但长期的不信任导致了村民态度的消极，对企业的扩大生产也不积极，反而出现了抵制。这也给乡村秩序带来相当大的负面影响。干部是否有私心，工作做得好与不好，是乡村治理权力对乡村治理的困惑，而村民的利益始终被忽视也是当前乡村治理混乱的主要原因之一。由此可见，在村庄治理过程中，村民始终是最活跃、最关键的内部因素。

二、以舆论倒逼政府

互联网信息技术的普及，拓展了乡村社会治理的新方向。随着村庄村民不断从土地中脱离出来，接触了村庄以外的生活，对乡村社会的发展情况的了解更多的要借助网络虚拟平台。村庄各种争议的话题往往能在网络平台中持续发酵，得到人们的高度关注。

从利益的角度来看，农户的权益是一种群体的利益，是为了实现自己的发展、生产和生存所必需的利益客体的一种客观要求。在实践中，当农民的利益受到损害后，他们通过抗争的方式来实现自己的利益诉求。村庄利益对农民行动的方式、形态有着极其重要的影响。村庄的公共利益，存在于村庄的关系网络之中，并为个体的行动提供了便利。在个人的利益驱使下，农户的行为也受道德、文化、习惯、信任、威望、集体认同和关系网络等因素的制约。徐勇指出，个人的经济交流和利益的获得都基于一个互信社区。通过社会联系的运作，农户能够组成集体，并在一定程度上参与到生产经营中；而诚信缺乏是导致组织不能形成或不能保持的重要因素，不仅包括成员对组织的信任，也包括成员之间的相互信任。① 因为"麦田事件"，村庄的矛盾被彻底激化，在这一时期村民的行动是无规则的，从状告企业，状告村干部到状告政府，败诉后，村民考虑到直接对抗并没有取得想要的效果，于是采用各种渠道去发声。村民们多方收集资料，仔细测量了村庄内被毁坏的农田，并拍摄了被毁坏的小麦田，通过多种方式证实了被毁坏的农田是由企业占用引起的。

村民利用网络平台对"麦田事件"进行了传播，引起了社会各界的广泛关注。在舆情事件中，乡镇政府的形象被丑化，村民发布的信息也有针对性地对企业和乡镇政府进行了攻击，以偏概全的表述歪曲了乡村事件的事实，很快形成了一边倒的趋势。事件起初利用了一些非权威的报道，对事件的处理起到了反面的作用。"麦田事件"网络化进一步刺激了乡村社会中的认知对立和冲突，让村庄外界的声音对基层政府以及县级政府进行了抨击。可见，乡村社会的舆情对村庄社会的治理有很大的影响。

舆情的影响迫使县级政府不得不出面解决这一事件，对有机肥生产线建设中未取得审批手续就实施了征地工作进行了处罚，县委召开会议对此次事件中存在的问题进行了全县通报并责成依法依规进行整改。县委共成立了4个工作组，成立了秋粮复播整改组，由县人大常委会副主任任组长，县农业农村局、农机中心主要负责人和Y乡有关班子成员任副组长；成立了退地退款整改组，利用一周的时间对有机肥生产线建设的征地户的土地进行了全部复播，退回的土地也确界到位，全部由村民认领；所涉及48户的土地款全部收回并退回国库；企业之前的38.6亩按照现行标准，补足了差额，完善了占地手续，彻底解决了遗留问题。事后又进行了回访，4个工作组的所有工作环节都得到了老百姓的理解和认可。尽管事件在县级政府的整改中得以平息，并取得了良好的效果，但为事件付出的代价是惨重的，事件产生的影响是发人深省的。

---

① 徐勇，赵德健. 创新集体：对集体经济有效实现形式的探索 [J]. 华中师范大学学报（人文社会科学版），2015，54（01）：5.

　　行动者会为了获取利益接受组织的制度约束，直到他们能够改变这些约束。① 具备了自由余地的村民会采取蒙混过关、钻空子、耍赖、迂回联络、表面顺从、价格竞争、出尔反尔等一系列的行动进行反抗，斯科特将其称为"弱者的武器""日常抵抗"②。村民在改变这种约束的行动上富有默契，在认识到农村基层政权运行的非常规性质后，他们放弃了以往的迂回对抗，反而把反抗闹得更大，更"明面化"，起到了一定的效果，但村民与村干部、与企业抗争，包括后期升级到对基层政府抗争，对于村庄发展来说是不利的，它使得村庄共同体逐渐走向消解。

三、从告企业到告政府：对"共谋"行为的抵制

　　村民是乡村社会的主体参与者，然而村庄资源分配不均与利益分化，使村民成为村庄的弱势群体。既得利益者利用自身的资源优势压制村民这一弱势群体，由此出现了村庄社会的不公现象。正如王春光提出的，社会抗争者和矛盾冲突抗争者往往是弱势群体。③ 既得利益集团侵害弱小群体的权利，引起了一场场激烈的斗争和矛盾。无论在资源流失、土地纠纷问题上，还是生存环境差等问题上，力量弱小的村民只能通过上访告状的方式来平衡侵害。

　　这一时期，乡镇政府管理异化，其中一个重要的原因是乡镇体制内部的压力。乡镇政府为了维护组织机构的运转和自身生存发展的需要，在内生压力的驱动下，规模不断膨胀，功能逐渐"异化"。在乡政府大院的变卖中，乡镇政府化身为"合法"的"盈利"机构。20 世纪 90 年代，国家实行了"分税制"改革，乡镇政府运转所需的自筹资金略显不足，这在一定程度上刺激了其与村民争利的行为，进一步强化了乡镇政府的自利倾向。

----

① ［法］埃哈尔·费埃德伯格. 权力与规则：组织行动的动力［M］. 张月，等译. 上海：上海人民出版社，2005：239.
② ［美］詹姆斯·C. 斯科特. 弱者的武器：农民反抗的日常形式［M］. 郑广怀，张敏，何江穗，译. 南京：译林出版社，2011：1-3.
③ 王春光. 快速转型时期的利益分化与社会矛盾［J］. 江苏社会科学，2007（02）.

村民状告乡镇政府，一则是因为乡镇政府大院的变卖，二则是企业征地过程中，乡镇政府对企业铲除麦子的默许损害了村民的利益。两个事件让村民对乡镇政府完全失去了信任，于是他们通过到县级、市级甚至于省级告状表示对乡镇政府和企业的抵抗。由于之前村干部谋利，滥用职权，单方面把村集体交公粮的地给了政府，而乡镇政府成立之初需要资金来维持机关的运转，在利益面前，乡镇政府漠视村民的利益，将政府大院的一部分地卖给企业，村民没有拿到一分钱的土地补偿，因此村民认为村干部肯定从中得了不少好处。

其次是在企业征地中，乡镇政府工作人员态度强硬，坚决执行铲除麦田的决定，不让群众发声。村民们认为，这是政府权力对民权的挤压，在"任务式"与"施压式"的制度下，政府对村民的管理常常是建立在自上而下与压力监督之下的强制服务之上，"压制民声"的"人情政治"掩盖了村民的利益，与农村社会的民主精神背道而驰，损害了村民民主决策、民主管理、民主监督的权利。进一步来看，村民已经从对企业的不满升级为对乡镇政府的不满。再加上乡镇大院败诉积怨已久，之前积累下来的问题还没解决，而"经济发展滞后""群众生活有困难""公共服务落后"等新问题又不断冒出，这些问题成为引发部分群众与基层政府产生对立情绪的导火线。

作为村庄的领导者，支部书记 L 某在变卖集体资产和出售集体土地方面损害了村民的利益；而作为村庄"后起之秀"的 G 某以及他带领的几个年轻干部在"翻旧账""上访告状""打官司"的过程之中，一步步走向支部书记 L 某的对立面。在村民们看来，作为在村庄担任了二十几年干部的老支部书记，作为集体化时期繁荣的缔造者，对村庄而言，老支部书记的确是付出很多，不能因为后来其只考虑谋私利而损害到村民的切身利益，就彻底抹杀老一辈干部的功劳。"他（老支部书记）确实有很大的功劳，当年他还是队长的时候，公社要抓生产，他就是一员大将，哪个队生产搞不上去就派他去，他到哪个队哪个队就富。当初变卖机械厂的时候，他是投资了村庄企业了，他自己也没花上，最后也都做生意赔光了。"① 但是，作为村庄的核心权威，L某的领袖地位也逐步弱化，尤其是在要出让种子公司的基地和卖乡政府大院后，引发了村民的不满和反抗。

事件发生后，村民在表述自己诉求时提到，"村里的钱都让企业挣了，我们什么也没得到"，"征地就征地吧，何苦要把我们自己种的小麦都打了，还有半个月就能熟了"。这些话语显露出乡土社会的公平、公义观念，村民在与企业做斗争的过程中，以自我的得失为判断，借此使自己的行动合理。村民们对企业攫取资源、占地、行业垄断等问题日益不满，企业虽然对村民的怨言也尝试去解决，但双方的利益冲突无法调解，村民的利益诉求始终无法得到满足。长期个体化的分散对抗愈演愈烈，最终在"麦田事件"中演变为联合的、公开的刚性反抗。2019 年，几十户村民联合起来，先后到企业和乡镇政府抗议，把事件闹大，最终县级政府对相关干部进行了处理。

无论是村民，还是 G 某，以及新一批的年轻班子，他们在与企业的斗争中，自身的权益都受到了损害，尤其是在土地问题上，他们都有着强烈的被剥夺感，村民们的抗争行为持续发酵，逐渐演变为固执的反对。"凡是企业主张的，我们就反对。""村里的工程谁干都能行，但要是企业负责人要干，我们只有吃亏的份儿，还有之前卖咱村资产的恩怨，咱就坚决不行。"② 集体行动是指一群人为实现他们的共同利益而进行的行为。在农村，农民以集体行为的形式表达自己的利益诉求。在 Y 村，企业不断发展壮大，企业负责人、企业派村民和非企业派村民之间贫富差距逐步拉大，这使非企业派村民的相对剥夺感增强。为此，非企业派村民通过在企业的颗粒有机肥生产线项目征地中进行"阻拦""捣乱""破坏"等行动表达自己的利益诉求。针对企业"聘请"村庄跑腿的游说人员，部门村民也组成小组，去进行"反游说"，主要将支部书记 L 某将村庄集体资产都装到自己企业里，以及企业不顾及村庄利益只顾自己发展的事情进行罗列。

---

① 来自 Y 村村民冯某的访谈。
② 来自 Y 村村民耿某的访谈。

第四节 小 结

村民的行动受到权力因素的影响，村民的抗争行动是一个逐步升级的过程，第一个阶段是集体资产不断流失时，长期建立起来的信任让村民依旧对干部存有期望，考虑到反抗可能导致的代价，更多的人选择了观望。第二个阶段是种子公司之争，种子公司之争源于利益之争，也源于村民所谓的"争口气"，在村委会主任 G 某的带领下，村民去状告企业，因对判决的不满，进而对乡镇政府提起诉讼。这场告状以失败而告终，这也让村民对干部以及乡镇政府彻底失望。第三个阶段是"麦田事件"，该事件将村民与企业以及乡镇政府的矛盾推到顶点，在村委会主任和企业支持的村党支部长期的斗争中，村民利益无人保障，企业日益壮大与村庄日渐落魄形成鲜明的对比，村民突破层层枷锁，将期望寄托于新媒体，期望通过引起社会关注的方式来表达自身的诉求。

群众的抗争是在村民与村庄权威之间的关系发生转变、村庄公共权威弱化的情况下所采取的合理选择。村民用抗争的方式向长期以来集体组织的权威发起挑战。村治精英从保护型向谋利型转变，引发了村庄企业与村民之间利益的争夺，弱化了村民与村庄集体之间的利益关联，进而导致了村庄共同体的分裂。

在 Y 村，自人民公社时期便开始奋斗拼搏的那些村民年事已高，他们经历了村庄集体化时期的繁华，目睹了村庄在集体资产流失、上访告状、双方派系斗争之中一步步走向衰落，集体已经给不了他们归属感，对村庄抱着"有人管就管，没人管就算了"的态度。年纪相对较轻的村民选择外出打工、经商，对村庄的事务并不十分上心。由此可见，随着外部环境的变化，在长期的派系斗争中，村民对村庄共同体的信任不断下降，直至彻底失望。长期的派系矛盾与利益缺失，使村庄合作与约束原则逐渐失效，村民之间的交流互动减少，其关系也日益趋向功利化，"各家自扫门前雪"。村庄公共资源的匮乏、长期的派系斗争、对村干部的怨气横生以及村庄的不断败落导致村民的归属感不强，其生活和生产逐渐脱离了乡村场域。村级组织也形同虚设，党组织软弱涣散，对村民管理与约束的功能减弱，村民游离于基层组织服务之外。这种情况意味着不仅是形式上的，同时也是实质上的合作的终结与关系的割裂。

总而言之，在从人民公社化时期的"三级所有，队为基础"的模式到个体独立经营、自主选择的合作方式的过程中，由于自身利益的受损，村民对村庄权威的认同程度逐步降低，村级组织的整合能力也不断下降。村级组织在这一过程中基本处于缺位状态，上访派 G 某成为村庄大多数群众利益诉求的带头人，其领导建立在村庄权威、关系网络与少量共容利益上，没有正式的行为规范，因此它的整合作用是有限的。随着抗争的进一步升级，在面对资本和权力合谋的现状时，村民的合理利益诉求无法得到满足，他们在村庄发展中呈现出规模小、组织化程度低的特点。迫于生存压力，他们不得不做出选择，或淡出村庄事务，专注于自家生意，不再参与村级组织活动；或另谋出路，彻底脱离乡村场域。村民的原子化趋势与个体主义倾向成为一种必然趋势，村庄共同体彻底撕裂。

第五章

权力空转与村民冷漠：村庄共同体撕裂

　　农村党支部书记是党在农村工作的重要组成部分，其工作能力的大小，不仅关系到农村的稳定、改革与发展，而且还关系到基层党组织的政治根基，是农村发展的关键。然而，一些农村的基层党组织长期存在着软弱涣散的问题，严重影响党对农村工作的领导和农村经济社会的稳定与发展。本书研究的 Y 村，权力运作是影响村庄共同体的关键因素，村庄曾经的辉煌离不开权威的领导和行动。而影响权力运作的因素包括利益、资源、个人素质等，而这些因素并不是固定的，具有明显的不稳定性，随着政治环境与村庄实际情况的变化，受各项因素的作用，村级组织之间、村民与村级组织之间、村民与村民之间的关系也随之呈现动态的变化过程。伴随着村庄权威的弱化与利益的争夺，村庄多重矛盾交织，村民权益不断遭受损失。从 2019 年的"麦苗事件"后，Y 村进入了"停摆"时期。在这一时期，由于村党组织经历了三年换四任支部书记的过程，村庄治理陷入困境，基层政府权力空转，村级党组织软弱涣散，村集体经济空壳，村庄的各项工作难以开展。加之，村庄基础设施服务设施无人建设、历史遗留问题长期难以解决，国家的各项惠农政策无法执行，政府支持的项目也无法落地，面对集体经济即将走向破产的困境，村民对村庄已经完全失去信心，村庄共同体被彻底撕裂。

第一节 悬浮中的基层政权

改革开放以来，Y村党组织内部经历了10多年的派系斗争，党组织对整个村庄群众的凝聚力和自身的战斗力都遭到了严重削弱，而支部班子成员之间也出现了不和的问题，无法建立团结战斗的领导班子，再加上支部班子成员与村委会班子成员之间"两张皮"，平时工作各自为战，村庄内部长期的派系斗争也无法完全化解，群众对党组织没有了信任，因此党组织在整个村庄群众中的信誉度和威望力都非常低，农村党组织所建立起来的战斗堡垒作用自然无法正常发挥。

一、村党组织软弱涣散

2019年，Y村党组织经县委组织部考评，被评为全县软弱涣散的党组织。Y村党组织从原来的省级优秀党组织，变成了"软弱涣散党组织"。Y村委的工作作风涣散，其原因，一是基层党组织没有充分发挥其应有的战斗堡垒的功能。农村"两委"不能齐心协力，工作上有"两张皮"现象，平时工作各自为战，且干部之间存在矛盾冲突。村党支部班子自身建设能力弱化，班子成员尤其是村党支部书记政治站位不高、党性修养不强，内部存在诸多工作分歧，存在领导经济发展能力欠缺、整合利益能力欠缺、应对复杂局面能力欠缺、对村委会领导能力欠缺等一系列问题。村委会班子政治站位不高、大局意识不强，配合党支部工作的积极性、主动性不强。该村的"两委"领导班子在群众中威信普遍不高，没有群众的支持和爱戴，影响了班子的整体战斗力和凝聚力。村"两委"干部推动村庄发展的能力不强。该村的"两委"领导班子构成不合理，且存在干部队伍年纪老化、学历不高等问题。在该村的"两委"10名班子成员中，高中学历9名，达90%；中学及以下学历1名，占10%；45岁至50岁3名，占30%；50岁以上7名，占70%。村党支部班子成员的发展观念不强，尤其是服务群众意识淡薄，导致党组织的服务功能不能满足群众的服务需要，在带领群众致富方面缺思路少办法。村干部素质明显不能适应新形势的发展要求，在面临发展困难与冲突时，缺少有效的应对措施，特别是应对网上舆论和突发情况的能力严重不足。

二是党员队伍逐渐老龄化，曾经的党员先锋模范作用不能被充分发挥。全村的党员干部总体结构不优，整体党员干部的思想道德与文明品格相对偏低，党员干部的思想政治观念过于老旧古板，工作方式也还与以往的一样简单，党组织观念弱化，党性意识逐步降低，"双带"效果不佳，对搞好农村工作能力和动力不足。全村共有党员112名，其中，妇女党员20人，男党员92人，性别结构不合理。根据教育程度划分，6名大学毕业，12名大专毕业，2名中专毕业，19名高中毕业，52名初中毕业，21名小学毕业；根据不同的年龄段划分，35岁及以下21人，36岁至40岁5人，41岁至50岁12人，51岁至60岁21人，60岁以上53人。全村党员普遍文化程度低、年龄老化，65%以上的党员是小学和初中文化水平，60岁以上党员占47%。党员的总体素质不高，观念陈旧，组织观念淡薄，"双带"能力差，党员模范带头能力差。大部分的党员和普通群众一样，很难在联系群众、代表群众、服务群众等领域起到先锋模范的作用。由于外出工作、出嫁离村，很多党员都不能参与党内的政治工作，党组织的关系不能很好地处理。

三是党组织活动没有按规范展开。具体表现在"三会一课"开展不规范，党教育小组形同虚设，没有发挥正确的作用。党员教育形式单一，内容枯燥，学习成效不明显，基层党组织制定活动没有落实全面。约面村民进行谈心谈话、评议党员等制度都没有执行到位，规定的党员党日活动形式大于内容。党员教育管理工作过于懈怠，党员不积极及时地参加活动、不认真、走过场。党组织生活重形式轻内容，组织学习的内容与本村工作、党员岗位结合不紧密，不注重创新，形式呆板。党组织活动缺乏有效的保障措施，部分党员以从事生产、不在家等理由不参加会议，会议严肃性不够，会议纪律执行不严格。"四议两公开"民主程序形同虚设，党务、村务、财务"三务"

公布不彻底，"党员责任区"的界定不清楚，党小组功能作用不突出，党员干部联系农户、义务践诺、设岗定责等制度执行都不到位。

四是发展党员程序不规范。该村支部班子成员都有"怕培养了苗子、失去了位子"的传统思维，出于小团体利益考虑，他们阻碍正常的党员发展工作。2008 年至 2017 年间，村党支部书记由乡镇党委书记和之前村支部书记 L 某一起请回村的 Y 某担任，连任 3 届，任职 9 年。在担任支部书记的第一届，Y 某也曾尝试过调解村党支部班子和村委会班子双方的矛盾，但由于双方积怨已久，仅凭个人能力无法让矛盾双方冰释前嫌。在他担任村党支部书记的 9 年时间里，村党支部发展党员 32 名，尤其是 2010 年一年就发展了 12 名党员。Y 村党支部之所以一次性发展如此多的党员，主要是乡镇党委的意见，也是村党支部书记 Y 某为了调和村"两委"矛盾，让双方各发展党员 6 名。然而，这种做法并没有使村"两委"的矛盾得到缓解，反而在群众中产生了不良影响。一些村民反映："村党支部书记 Y 某原来是某县领导的司机，之所以请他回来担任村党支部书记，也是当时乡镇党委经过多番考虑后做出的决定，村民也觉得他毕竟跟领导跑得多，有一些资源和人脉，能够为村集体和村民办点好事。结果他也是个没魄力的人，拿不了主意，遇事总是左右摇摆，一会儿站这边，一会儿站那边，在村 9 年就是做了急性发展 12 名党员入党这一件大事，最后还因为这些党员素质较低，给村里造成了很多负面的影响。"① Y 某在村连任 3 届村党支部书记后，多数群众都对他有意见，包括一些党员也对他有意见。后来 Y 某因身体健康出了一些问题，就于 2017 年辞去了村党支部书记的职务。

Y 村党支部存在的主要问题是村庄长期存在派系斗争，村"两委"班子长期存在矛盾冲突。村里很多党员都是从个人利益出发，党性意识不强，在村庄内部很难选出一个能够稳定大局、推动发展、团结带领群众致富的领头人，这些问题严重影响制约着党组织凝聚力、战斗力的发挥。村党支部班子

---

① 来自 Y 村党员于某的访谈。

与村委会班子"两张皮"问题始终没有从根本上解决。村"两委"工作各自为战，各吹各的号，各唱各的调，都是猜疑心重，小问题上纲上线，缺乏包容、信任和理解，更谈不上工作上的相互支持。同时，村"两委"干部还存在着严重宗派主义和山头主义，通过画圈圈、画线线，结成小利益集团，判断一件事情的对错，"首先看是谁的人，是我的人就什么都对，不是我的人就什么都不对，没问题也要找问题，把小问题说成是大问题"，没有起码的是非观，更谈不上有为了村庄发展的大局观。村党支委班子成员的素质不高，推动村庄发展的大局意识不强，服务群众的意识淡薄，缺乏创新意识和发展意识，当一天和尚撞一天钟，群众威望不高，战斗堡垒作用难以发挥。

二、乡镇政权掌控无力

（一）村务工作"荒废"

在长期的村"两委"矛盾中，村"两委"干部深陷派系斗争中无法脱身，村务工作荒废，主要表现在以下几个方面：一是存在着宗派主义和山头主义现象。村干部在派系斗争，结成了各自的利益集团，在村"两委"的工作中，采取了"凡是对方做出的决定就坚决反对，凡是自己一方做出的决定就坚决拥护"的策略。

二是工作能力有待提高，主要表现在干群关系不紧密、群众权益得不到重视等问题，村"两委"班子带领群众发展能力不强。另一方面，一些村民对村党组织、村委会的工作不理解、评价也不高；村内的重要事务、重大政策，农民群众都没有知情权和参与权；党员干部走访联系群众不经常，主动听取群众意见和反馈群众问题不多。群众关心关注、反映突出的热点难点问题无法解决，村内财务收支明细不向群众公示；灌溉所需水井不足、出水量不够、村内排水不畅等问题。矛盾化解不彻底，村级治理体系不健全。村级矛盾与纠纷化解工作不有效、不彻底，村级管理方式不规范，机制功能的充分发挥不明显，不能建立系统全面的"自治、法治、德治"的村级管理体制。村务公开不全面、不及时，没有达到让群众明白的效果。法治观念薄弱、学法守法用法能力不强，并没有运用法治思想和方式解决问题。村民群体也由于法制教育手段不足、社会文明水平不高、获取信息途径不通等因素，而缺乏通过使用法制武器来解决社会问题的正确思维，思想中仍然存在"宁可信访也不信法"的落后观念，基层普法工作存在短板和欠缺。

三是村"两委"没有制订村庄的长远发展规划，包括村庄整体发展规划、街巷建设规划、基础设施规划、产业结构调整规划、乡村治理规划等。村"两委"班子在产业结构调整方面缺乏思路，在推进乡村振兴方面思想观念落后，在实施乡村振兴治理上没有思路、没有方法，也没有能力。村庄的下水道堵塞和路面损害长期得不到修整，村庄舞台变卖后村民失去基本的开展文化活动的场所。没有村规民约、村民自治章程，财务、村务历史遗留积累问题太多等，阻碍各项事业进一步发展。

（二）乡镇政府掌控无力

在"乡政村治"模式下，《村民委员会组织法》特别明确了乡镇政府与村委会之间的联系，并提出了指导、支持和帮助村委会工作的原则，但不能干涉村民自治的事务。① 同时，还提出了村民委员会需要协助乡镇人民政府开展工作。但在实际的村民自治实践中，农村党支部在村庄治理中处于核心地位，在有关村级事务的处理上掌握最终的决策权，乡镇政府对村委会是一种"间接"的领导关系，而村委会在运作中大多是完成乡镇政府交办的各项行政工作，很少从事村民自治的事务。

乡村社会与基层政府之间的矛盾和冲突，造成了基层政府公信力的下降和乡村社会秩序的不稳，也由此造成了村内部的干群关系紧张和矛盾激化。这种情况的产生，导致了农村基层政权面临的困境，使基层干部难以按照原来的工作思路和思维模式来进行规划和工作，必须采用多种形式和方法。在此进程中，由于农村基层治理的松懈，村庄内部出现了谋利型干部，危害村民利益和乡村社会稳定，导致农村社会秩序混乱，影响政府工作，给村民和

---

① 《中华人民共和国村民委员会组织法》（2018 年 12 月 29 日修订）。

政府带来负面影响。

在乡村治理的过程中，如果村"两委"干部在群众中威望不高，得不到村民群众的支持和拥护，就会影响村干部班子的整体战斗力和凝聚力。乡镇党委和政府也曾尝试解决 Y 村"两委"矛盾的问题，在二者关系出现裂痕之后也试过想要修补。据时任乡镇党委书记讲，"那会我也意识到村'两委'矛盾的问题会阻碍村庄发展，村里什么工作也开展不下去。再者，Y 村又是乡镇政府所在地，很多事情解决不好，我们也受牵制。也是靠人情关系，由我出面把他们两边的干部叫到一起，想在饭桌上解决问题，一顿饭从中午一直吃到晚上，茶也是换了一壶又一壶，就是希望村'两委'干部能够冰释前嫌，双方能够和解，一起为村庄发展出力献策。在我做工作的时候，双方还是都愿意接受的，饭桌上也都答应不再闹矛盾了①"。在乡镇领导把村"两委"主干叫在一起把矛盾谈开后，二者友好相处的局面也维持了一段时间，但只要一涉及推进工作或者有项目落实的时候，就又开始了"相互拆台"和利益之争，又形成了一种"凡是你坚持的，我就坚决反对"的意识，双方都不再是为村民服务的初心，虽然都是在为村里干工作，但目的都是不让对方把工作干成，否则对方在村民心中的权威树立起来后就更难扳倒。在双方相互牵制的局面下，村庄各项工作完全推行不下去。由此可见，这种双方都要制衡彼此的情况是长期斗争形成的，也必定需要下大力气才能解决。

在双方相互拆台的局面下，乡镇干部在村庄的工作效率和组织效能也在不断降低，权威和威信都受到削弱，逐渐丧失了完成行政任务、处理农村社会各项事务的能力，以及对乡村社会的控制力和治理能力，难以直接或通过村"两委"干部实行对村庄有效治理，只能依靠村委会班子成员完成行政任务，以达到基本完成行政任务的目的。据乡镇工作人员反映，"在 Y 村，乡镇工作根本落不到村里，到了村里根本没有村组织或村干部承接。一般情况下，涉及村党支部的事情，支部班子成员之间必然会产生矛盾，意见不一，

---

① 来自原党委书记殷书记的访谈。

对于工作也是相互推诿。再有，当乡镇干部给村里安排工作时，党支部班子成员就会认为这是村委会的事情，党支部是党支委，村委会是村委会，找村委会的人员办吧。村委会班子成员尤其是村委会主任也因为无法加入党组织而对乡镇政府有一些抵触情绪，况且有些事情他也做不了主，每次叫人来对接办事都非常困难，需要三番五次地催促才能勉强完成上级政府的任务"①。很显然，在乡镇政府无法为村庄解决问题的情况下，村干部尤其是村委会班子成员对乡镇政府安排的工作表现不是很积极，乡镇政权在农村的渗透需要村庄干部的配合，而Y村的很多工作都是被动应付，只限于能勉强完成上级布置的任务。

由于村庄经济的落后，政府任务尚且难以完成，更不用谈村庄公益事业的兴办。而且，随着贫困的加剧，村干部面临可支配资源匮乏和任务繁重的局面，村庄由此陷入了权威真空的境地。同时，由于基层政府程度各项任务难以落实，乡镇权威也受到质疑，村民对乡镇政府失去信心，乡镇政府与村民的关系也紧张起来，乡村社会危机日益加剧。

第二节　荒废的村庄公共事务

村庄的公共事务是与农村居民的生产、生活密切联系。村庄的公共事务，既包括了公共资源、公共物质和公共空间，也强调了农村社会和村民之间的公共关系。村庄公共事业能否成功地进行，直接影响到包括村干部、村民组长和村民等各方面的利益主体的选择。对所有的村务都要做到对所有的人都是透明的、开放的，并随时接受他们的监督和意见。目前，农村仍存在着公共资源匮乏、集体收益匮乏等问题。农村拥有的公共资源愈多，农村居民对各种社会问题的重视程度也愈高，而村干部对人民群众的影响力也就更

---

① 来自乡镇工作人员樊某的访谈。

大；相反，在"空白"的农村，缺乏公共利益，缺乏集体收益，缺乏参与乡村治理的意识。在乡村振兴的大背景下，要实现农村社会公共事务的有效治理，必须改进农村社会公共事务的配置与管理，增强农村基层组织的执政水平，推动农村行政工作的民主化。

一、无人问津的基础设施

改革开放以来，Y村由于长期的村"两委"矛盾以及由此形成的派系斗争，村庄失序，基层政府权力"悬浮"无法渗入村庄社会中，各项基础设施和服务设施建设项目都很难在Y村得到实施，导致村庄形成了基础设施无人建设，村庄历史矛盾无人解决的困难局面。在这一过程中，乡镇政府曾多次试图解决问题，但都因村"两委"双方的权力争夺而失败。

村庄舞台是村民互动交往的重要平台，也是Y村一直以来最需要的文化设施，对于乡村文化网络的构建具有重要意义。新时代实施乡村振兴战略，更需要发挥乡村文化的助推力量。然而，在Y村，如此重要的村庄文化舞台，却在2009年被拆除，由于村里集体经济薄弱，无多余款项修建舞台，文化局和水利局均无此建设项目，村民的文化体育活动只能到村口一块空地开展。对此，村庄许多村民都谈到，"以前我们村的舞台是全县最大的舞台，那时候每年有演出的时候，十里八乡的村民都跑来看戏，有时候村里请戏班子唱大戏，来的多是上年纪一点的老人，各家各户的亲戚朋友也来村里看戏。有时候市里、县里文化团下乡会演节目，年轻人就来得多点。再赶上村里集会的时候，村里总要请戏班子唱戏，十里八乡的村民都来赶会，那幅景象，好不热闹。然而，到了新时代，之前周边需要我们接济的小村子，村里都有像模像样的文化活动场所，而我们一个3000多人的大村子，连个舞台都没有。老人们感慨，上一次热热闹闹唱大戏已然是二十几年前的事情了，现在再想听，没有了"。

村民文化权益缺失。本书所提到的村民文化权益所涉及的是村民对村庄文化资源的占有和使用的权益。对于村庄文化设施，村民享受最多的就是集体化时期村里所盖的大礼堂，但自礼堂被拆除后，之前的文化站也成了村集体的建设用地，村庄文化设施几乎没有了。周边村庄都配备了图书馆和健身体育器材等，Y村却因为村"两委"干部的斗争而使得文化设施建设项目也难以实施。村里没有了文化体育活动中心，就变成了没有娱乐活动的"精神荒芜"之地，村民的业余生活变得极度贫乏。在这一背景下，有些村民为了寻求精神寄托，走上了沉迷封建迷信的道路，大大削弱了村集体的凝聚力和影响力，也为村庄治理埋下了严重的隐患。

除了村民反映最强烈的大舞台问题，村庄的基础设施无人管理、公共服务整体较差的问题也很严重。如村内道路硬化、村主大街70%下水道铺设方面还有很大缺口，需要继续完善。"村庄的路是十几年前修的，现在好几条主街的道路都已经破烂不堪。村民出行经常绕行路况稍好一点的路，遇上下雨、下雪天，坑坑洼洼的路面就更难行走。亲戚朋友来也都戏称我们这是免费的按摩路，来回走一圈，硌脚硌得就全当是按摩了。"① 村内整体排水不畅，下水道和路面需要修整。村南大街现已向县上申请修排水渠道长330米，宽1.5米，总共需资金55余万元。但由于涉及项目就会有上访纠纷，该建设项目迟迟无法在村落地。除此之外，村民还反映了全村灌溉所需水井数量不够、出水量不足，不能满足正常生产所需等问题。Y村在人民公社时期，全村18个生产队共有70眼井，但现在都已经老旧废弃，其中一队、五队、七队、八队、九队（现在是村民小组）都难以保障正常的农业用水，但全村都属于水源严重超载区，不允许新打水井，加上更新水井费用太大，水利灌溉的问题难以解决。

二、久拖不决的历史问题

Y村庄的各种历史遗留的问题，一直无法得以解决，随着时间跨度越来越大、牵扯范围越来越广，问题解决的难度也越来越大，成了干部和群众公

---

① 来自Y村村民于某的访谈。

认的"烫手山芋"。如村里的主大街有 5 户新宅基已规划到位，旧房却没有拆除，5 户的补偿金额也已于 2009 年付清，但其中有两户一直未在 2009 年的扩街修路搬迁协议书上签字，5 户均认为当时赔偿标准过低，2015 年、2016 年乡政府和村委会多次研究拆除 5 户的老旧房，但 5 户群众情绪激动，一直上访，导致 5 户老旧房难以拆除。当时是企业负责人在村担任村委会主任，由于这 2 户院子都有老槐树不愿意搬迁，村委会主任便私下承诺未签协议的两户人员，除了按规定的金额进行补偿外，还答应给其中一户解决五保户问题，另一户多补偿 3000 块钱。但只是口头承诺，并没有在担任村委会主任的三年中解决他们的五保户问题和多余资金的补偿问题，导致旧房一直无法拆除。之后，G 某当选村委会主任后，由于其和企业负责人也就是上届村委会主任之间的矛盾问题，也不愿意兑现"上一任干部"承诺的五保户承诺和额外补偿，使得这一问题一直未得到解决，导致五户存在严重安全隐患的旧房一直未能拆除。自 2009 年至 2019 这 10 年期间，这 5 户人家从未停止上访告状，通过乡镇、县里、信访平台、市政府热线等渠道，告状次数不计其数。据乡政府相关工作人员反映："农忙的时候还好，他们不经常来上访，但遇上农闲得空的时候，他们就天天给市政府打热线电话举报，这也加重了乡政府的信访工作压力，迫使我们不得不重复解决这种上访案件。"①

　　村庄还有一件更为久远的历史问题。据村民反映，19 世纪末，村里有一对老夫妇，男主人曾参加过解放战争，是一位受过伤立过功的老兵，如今却因宅基地纠纷，房屋遭受他人打砸，破损严重，无法居住，并因有纠纷常年流落在外，一直回不了家。"这件事情已经二十几年了，老兵家和冯家是邻居，当时就是宅基地纠纷，闹得两家结下怨恨。其实就是两家房子挨着，退伍老兵人很好，在战争中受过伤，腿脚不便利，在村子里与人为善，与村民关系较好。冯家人家族势力比较大，是村里的大姓，这户人家也不太讲理，盖房子占了老兵家一堵墙的地。老兵不服气与冯理论，冯叫了弟兄几个一起

――――――――――

　　①　来自乡镇工作人员任某的访谈。

过去就把人家的墙砸了一个大洞，直接通到屋内，并对老兵进行威胁恐吓，扬言只要他家还在村里，就不许把这个洞补起来。"破损的房屋无法居住，老兵家无奈搬离了村庄，至今未回村。

导论中提到，Y村是革命老区，村庄退伍老兵就有几十名。其中有人对此愤愤不平，老兵的一名战友一直到各级部门进行申诉，希望能帮老兵解决房屋纠纷问题，让其能在老年后"落叶归根"，重新回到自己的村庄，但始终未能解决。信访部门收到多封题为《参加过解放战争、受过伤立过功的老兵，如今遗孀却有家不能回》的上访信，督促乡镇政府解决问题。事实上，乡镇政府也曾尝试解决过这一问题，2020年，由乡人大主席与乡土地所所长、乡派出所指导员以及村党支部班子和村委会班子各1人一同前往房屋受损的家中测量基地，但冯家却叫来儿子（村党支部班子成员）破口大骂，并冲着乡人大主席大声谩骂，不允许对其父房屋进行丈量，并多次扬言如果测量他的基地不够数，要求工作人员对他进行赔偿。冯某作为村党支部班子成员，到场后也态度强硬，对派出所和乡政府的测量工作进行阻拦，多次大吼让县委书记下来进行测量解决。其父亲也多次对工作人员出言不逊，"我家在公检法部门有人，社会关系很广，我们知道这事情该怎么办，你都管不了，要盘你盘他家的，不许盘我家的"。乡政府、派出所工作人员一直向他们解释政策，自始至终都在进行耐心的说服，但冯家父子对乡政府和派出所的正常工作却一直阻拦，说话粗鲁，态度恶劣，出口成"脏"，使得房屋纠纷一直解决不了。冯某性格倔强，不听调解，多次强调是上辈留下的基地，并有1987年县政府颁发的土地证，但却一直拿不出土地证，还对对方房屋进行打砸。

三、难以落地的惠农项目

（一）企业与村民关系割裂

村民的行为不受外在力量约束，是村民组织化难以形成的原因。在农村社会中，随着社会主义市场经济的发展以及村中人才精英的逐渐流失，村民与村集体之间、村民与村民相互之间的依赖性、熟悉度都会逐渐减弱。村民对村庄不再依赖，导致乡土社会中约束村民的传统伦理规范与"熟人社会"效应等内生规则渐渐失效。因此，即便有外生的法律规范，也无法与村庄内生的规则相适应，最终导致村庄共同体的解体。①

近年来，随着政府对农业现代化的推动，工商资本成为加速农村土地流转的重要主体。就资本下乡，有正反两方面的观点，正面观点认为资本下乡中的土地流转资本与村民之间的资源交易行为，是村民基于理性思考后的自愿行为，资本与村民之间的利益是一致的，能够推动农业现代化进程；反向的观点则强调资本与村民之间的利益并不总是一致的，有的流转是"强制性的"，资本在这一过程中会损害村民的利益。

作为一种外来的、异质的社会经济，企业的资本以土地的流动方式独占了农村的耕地，同时也是乡村社会的一种新的管理客体。② 相比于村民，公司的资金在获得经济上具有明显的优势，当双方的权益发生矛盾时，公司并没有受到村庄的约束，而是为了自己的利益，去招揽更多的人。经济体量强大的巨大好处就是，让企业甚至能够借助村庄的现有资源来解决与村民之间的冲突。在 Y 村的征地过程中，为了避免直接与村民之间的交易，在基层政府和村委会的推动外，企业还私下组织了"跑腿员"为其对不同意征地的村民进行游说，借助本村村民的力量实现流转的目的。

就"麦田事件"来说，企业为了快速推动项目而将村民的麦子进行铲除，于法律层面而言，企业已对征地村民的土地进行了补偿，且补偿也已发放到位，企业有对麦田进行处置的权利。但于感性层面来讲，"民以食为天"，粮食对村民的重要性不言而喻，他们不愿意也不接受对粮食的暴力铲除。显然，资本的核心已经远离乡村，在公司和村民之间出现利益矛盾的情

---

① 董磊明. 农民为什么难以合作 [J]. 华中师范大学学报（人文社会科学版），2004（01）：9-11.

② 安永军. 政权"悬浮"、小农经营体系解体与资本下乡——兼论资本下乡对村庄治理的影响 [J]. 南京农业大学学报（社会科学版），2018, 18（01）：33-40, 161.

况时，企业不会为了保护村民利益而放弃自身的巨大经济收益。尽管他们进行了激烈的抗议，并通过多种途径向媒体披露了这起事故，但是因为村民的群体行为不够团结，导致其在企业面前处于明显的劣势。

对 Y 村而言，资本下乡对村庄资源形成了垄断，打破了村庄原有的利益结构，成为村级组织和村民之外的又一个新的治理对象。村民利益受损引发了村民与企业之间直接的利益冲突。企业在本村的成立和发展并没有为村集体经济发展带来活力，最终造成了对村民利益空间的挤压，企业对村庄资源不断占用，侵害了村民的利益，最终也遭遇了村庄社会的抵抗。

（二）企业与政府联盟解体

在资源分配中，国家和企业通过权力、资本和资源的相互转化形成了一个共同的利益集团，从中获取最多的资源，从而率先致富，使自己在本地获得巨大财富。但是，大多数村民都是远离政权的，在分配资源的进程中，他们处于劣势地位，也因此日益贫困。农村的资源分配导致农村居民的"相对贫乏"这一点逐渐被村民意识到，乡镇政府的治理和企业的发展必然会遭遇诸多阻碍。

一是企业和政府联盟的解体。我国反腐败斗争的深入，打破了政治和商业之间的关联，形成了一种外在的规制。政府和企业之间究竟应当构建怎样的联系，以及它们之间的作用如何，仅仅依靠上位者的权力法则是不可能完全消除的，还需要通过政府职能的转变、法治社会的建设以及社会公众的广泛参与来解决。二是农村合作关系的瓦解。在公司项目土地征收不成后，乡镇政府的干部人员不再享受隐性利益，也就不再愿意参与到相关事务中。比如在第十一届（2017 年）的村民委员会换届时，乡镇政府不但推举了候选人，还让村民们不要选公司相关人员为村干部，企图分离企业与农村的关联。

在企业不断扩大再生产中，只有小部分村民与企业建立了租地和就业方面的联系，对大部分村民来说，企业的扩大更多的是对其利益空间形成挤压。于是，"麦田事件"遭遇了村民激烈的反抗和道德上的谴责。据乡政府工作人员反映，"其实他们完全没有必要把那些麦子都铲除，只是这个项目是当年市级重点项目，市里要对项目的落地和建设等推进工作进行检查，为了迎接上级检查，基层政府也对企业进行了施压，要求在限定日期内完成征地工作。显然，在工作方式上有些急功近利了，村民带头一闹对村庄和政府都造成了很不好的影响"①。

从以上分析可以看出，在企业面临困境之后，乡里一直在切断与企业的联系。同时，乡村与企业界之间也存在着不同的利益与目的，乡村治理的目的是维持乡村的安定，避免农民的暴动。但是，公司的目的在于保持其投入的效率。归根结底，村级组织成员的退出对地方的政治关系进行了重组。其主要体现为：一方面，农民放弃了对公司和经营者的管理，而产生了新的社会阶层，企业界和村长派系均已退出 Y 村，企业经营者的政治地位也随之被剥夺。

公民参与理论的先驱谢尔·阿斯汀认为，"公民参与是一种公民权力的运用，是一种权力的再分配，使目前在政治、经济等活动中，无法掌握权力的民众，其意见在未来能有计划地被列入考虑"②。企业无奈只能将新厂投到别的村庄，这无疑是 Y 村的损失，也是村民的损失。对企业而言，之前的三个厂子都在本村，能够形成一条完整的产业链，因为与村民之间的矛盾，不得已把企业转到别的村庄，没有了之前明显的区域优势，之前规划的合理布局被打破，增加了企业投资的成本，同时也造成了企业的巨大损失。

第三节　"绝望"中的村民

在村庄治理的过程中，村民的利益存在相同性。但在村民利益发生冲突

---

①　来自该乡镇工作人员任某的访谈。

②　Sherry R. Arnstein. A Ladder of Citizen Participation［J］. *Journal of the American Institute of Planners*，1969，35（04）：216-224.

时，村党支部和村委会在村庄治理权力主体中处于相对强势，而村民处于弱势，这就不可避免地会导致乡村治理过程中的一些矛盾和关系紧张。在 Y 村治理的过程中，村党支部、村委会以及村民都是村庄共同体的治理主体。他们的利益不是静止和抽象的，而是在特定的历史条件下、社会生活中的流变、相对的利益。①

一、"政策春风吹不到的地方"

村民的诉求的产生、表达到实现的动态的过程是其利益实现的过程。可见，政治利益的实现是行为和目的的统一。学者认为，利益实现的要素包括利益实现的主体、客体，还包括实现的渠道以及方式。在调查中发现，Y 村存在着许许多多的问题，如乡村关系紧张、干群矛盾进一步恶化、村党支部和村委会之间不协调，以及国家政策和法律法规在村庄社会无法落实的制度缺失，都让村民对干部失去信心，对村庄共同体绝望。村民们普遍认为，"村庄现在成了好人好事没人夸、坏人坏事没人抓的弱村乱村。阴霾笼罩在村子的上空，十几年无法散去，村庄像一个'土围子'，四周被垒起了高高的城墙，国家一系列的政策被隔绝在村庄外面，不论是改革开放的春风还是乡村振兴战略的春风都吹不到我们村，村子简直就成了一个'春风吹不到的地方'。现在新闻里天天播报，周边村也都搞得热火朝天，而我们村却一直在走下坡路。十几年前修的村庄道路都已经全坏掉了，也没有人修，成了极具村庄特色的'按摩路'"。② 这些都让村民看不到村庄的任何希望，剩下的就只有对村庄的绝望和放弃。

从政治发展的角度来看，村庄治理权力的合理配置、权力的平衡与利益的多元化（共享）都是村庄社会保持稳定的基本前提，也是乡村民主化实现的重要内容。村庄权力的合理运行和多元利益的合理分配，能够维护国家整体利益和村民的现实利益，确保村庄共同体的稳定。村里的老人认为，"我

---

① 秦正为．马克思主义人权理论及其中国实践［J］．学术界，2010（09）．

② 来自 Y 村村民冯某的访谈。

们这一辈人见证了村庄发展每一步的进步和每一步的落后。过去广播一喊全
到位，整个村各家各户团结互助，家风家规好，邻里关系和，社会风气正，
家家户户的大门上贴的都是'忠'和'公'。干部和村民在村庄事务中，凡
事都讲究个忠诚，对党忠诚，对社会主义忠诚，对村庄这个大集体忠诚。在
办事和与人相处中，都秉承一颗公心，不吃亏咱也不占别人便宜。整个村庄
就是一个团结的大集体，邻里之间也都是和睦友善"。①

但是，一系列村庄权力运行的结果却是村民利益的缺失和村集体利益的
损失，导致了村庄空心化和经济空壳化的趋势，而企业对资源的占有和村民
原子化进一步加剧了这一趋势。在这种利益分崩离析的情况下，村子里的人
变得非常消极被动，他们觉得已经没有了希望，有的感觉到的只是一种茫然
和失望。"我们村集体化时期是一派生机勃勃的景象，你再看现在村里年轻
人都没多少了，将来我们这一辈消失了，村庄是什么样子想都不敢想。如果
一直是现在这个样子发展下去，村庄要么就不复存在，要么也是名存实
亡了。"②

二、村民的"再沙化"③

随着城镇化的快速发展，越来越多的人的择业不再局限于农业领域，而
是选择非农化就业，尤其是对 20 世纪 70 年代以后出生的人来说，他们成长
环境、受教育过程和农村社会相疏离，价值取向更倾向于选择在城市生活发
展。他们普遍不看好村庄发展前景，认为在村里种地太辛苦，收入又少，留
在村里没有出路。村里的土地资源已被瓜分殆尽、农村集体发展毫无前景，
也是大多数村民的想法。"年轻人都去外地打工了，不管打工也好，做生意
经商也好，我如果没有这个小队长的职务，我也跟孩子去西安了，没有好的
产业和资源，能出去的村民大多都是不愿意回来的。""村里不比以前，现在

---

① 来自 Y 村村民于某的访谈。
② 来自 Y 村村民李某的访谈。
③ "再沙化"是指乡土社会从一盘散沙到整合到原子化的过程。

工作也难找了，有一家企业，没什么合适的工作，工资待遇也不高，年轻人都不愿意留在村里了，都想去外面打拼挣点钱，跟村子比外面机会更多一些。"①

　　事实上，自企业负责人开始在村开办企业以来，种地已经不能维持日常生活所需，一年忙碌下来，打的粮食也不够孩子的教育、家人的医疗支出，一些村民便陆陆续续把自己的地租给企业；也有部分村民考虑自己年事已高，继续种地太过劳累，权衡下来，一部分村民选择离开村去投靠儿女，老一辈人对土地的感情很深，他们也不愿意把土地租出去，有的靠亲戚朋友帮忙种，也有少部分就撂荒了，这样的情况无疑加深了村民们的危机感。"我们那一辈人，人均土地还有一亩多，现在就剩几分地，村子的土地撂荒的越来越多，村里也没有别的产业。"村民的危机感使得企业在不断扩大的过程中，也遭遇了村庄内生力量的抵制与排斥，村民进行了非理性的"反抗"——有村民在当地政府网站上匿名举报，在微信公众号、抖音等平台上发布企业通过各种方式非法占地的信息，这也导致企业在村庄的征地一度停止。后来，在乡领导和村干部的交涉协调下，这种非理性的行为所起到的效果也是十分有限的。

　　由此可见，随着村级组织与村民之间的经济联系弱化，村党支部书记成为企业资本的"代理人"，村级组织长期的内耗导致了村治主体权力的空转状态，这个阶段，由于缺乏经济激励和服务意识的削弱，以前建立起来的"利益团体"已经消失，村民和村民的关系也因为"站队"而变得越来越陌生。在村庄中，利益驱动型的村民，其公共权利和乡村法规在人民公社时代保护了其自身的权益，为村庄创造了空前繁荣的景象，进入新时期，他们寄希望于精英的权威能在经济发展和生产生活中起到领导作用，同时能在道德层面为他们在日常生活中遇到的问题给予帮助、承担起干部的责任，而非如现下一般，村级组织的权力在长期的派系斗争下陷入"瘫痪"，村民的利益

---

　　①　来自 Y 村村民于某的访谈。

空间被挤压。

显然，当村庄的外部环境发生变化以后，村民预期的效益未能实现，还损失了更多的利益，出于个体理性的考虑，村民逐渐绝望。企业之间利益纠纷以及与村干部的矛盾斗争引发了诸如报复、上访、告状等行为，进一步破坏了内部的信任基础。从权力视角看，村庄权力的作用微乎其微，对于村委会班子成员来说，实质性权力的缺失、开展工作中的重重阻碍导致他们在参与公共事务中积极性不高。由于精英威望、关系网络与少数共存利益的权利存在着不稳定因素，村民的力量受到很大程度的制约，村庄内部多重矛盾交织无人解决，利益受损的现象时有发生。在三次上访以失败告终的抗争行动之后，村民在村庄基本处于自立门户、分散活动的原子化状态，没有能够代表和维护其利益的领头人，村民深陷双方派系的利益博弈与斗争中，无法形成集体行动。加之企业与基层政府的利益同盟虽解体，但已经成长起来的企业凭借其自身资本资源优势形成强大市场竞争力，对村民利益空间形成挤压，原子化状态下的村民个体缺乏对抗能力，村民自身权益和村集体利益都受到损害。基于村庄面临的重重矛盾却无人解决，多数村民认为村干部热衷于权力之争，村民自身的利益在一次次权力之争中已然被弱化。显然，尽管企业仍旧在不断扩大，已经从曾经的小型企业发展为市级龙头企业，但被占地的村民在与村庄生产生活脱离的情况下，如同当初四旁绿化栽种在村庄的树木被"连根拔起"一样，与村庄的关系已然疏远。

三、"大五队"与"小五队"：村民小组的再分化

村民行动受不同利益主体间权力关系的影响，而权力关系的平衡并不是固定不变的，故村民行动也随着双方权力的反转而变化，这一点在 Y 村表现最为明显的是第五村民小组。村民一直习惯叫它"五队"。在集体化时期，Y 村一共有 18 个生产队，如今分成了 19 个小队，就是"五队"被分成了"大五队"和"小五队"两个队。"五队之所以分成大五队和小五队，就是在企业长期对村庄资源的占有中，村民选择了不同的要支持的人，这是一个原

因。另一个原因是五队队长（村民小组长）人品太差，动不动就喝酒发酒疯，难以服众。当时也是队里有个年轻人，他坚决支持 G 某当选村委会主任，在选举前一周五队的会议上，这个年轻人由于和队长在村委会主任人选的意见有分歧，发生了激烈争吵。经过一番激烈的争吵之后，这个年轻人提出自己不再归五队队长管理，在会上当众提出成立小五队，此后拉出一部分村民成立了小五队。"① 这个事件其实就是五队村民在确定村委会主任人选上，即由谁来当村庄掌舵人上产生了分歧，一部分人支持企业负责人担任村委会主任，另一部分人支持 G 某担任村委会主任，在多次协商无果后，在"五队"内部公开"站队"，支持 G 某的村民就从五队中分离出来，成立了小五队，小五队村民自己推选出小队队长、副队长，不再受五队的领导，实现自我管理。

村民对村干部的不满，除了能力问题外，更多的是对村"两委"干部和党员不作为态度的指责。虽然村党支部书记 L 某能力较强，村庄曾经的辉煌也是在上一任村干部的带领下创造的，但村民都不能接受他以及其家人对村庄资源的占用。现任村委会主任 G 某在村庄产业发展上一直没有一个明确的规划，没有能力改变村庄资产流失的问题，也没有能力发展村集体经济和带动村民致富，但村民都认为他对村庄事务和村民生活还是十分关心的，无论大小事务，他都愿意尽力为村民解决。在村党支部书记 L 某退休后，当选村党支部书记和村委会主任的人选多次变更，而且不少还是不在村的干部，村民认为他们不如在村干部更关心村子的发展和村民利益。"新的干部就不进村，连村民的家门都不认识，怎么给老百姓办事呢？"至于在村的干部，又都只关注自身的利益，长期你争我斗，"总是斗来斗去，心思都放在拉帮结派上，村子还怎么发展，可不是要排倒数第一，他们干部脸上没光，我们出去都抬不起头"。五队和小五队的分离就是村庄派系斗争的结果，也是干部逃避责任的体现。

---

① 来自 Y 村村民冯某的访谈。

对于村民来说，他们期望的村治精英是能够带领村庄发展的，通过发展产业带动村庄集体经济发展，为村集体带来财富，为村民提供致富增收的良好环境。在传统道德层面，则是要把村民利益放在首位，而不是以权谋私，只顾及自身的利益。但村干部的以权谋私和村"两委"班子的不团结都在撕裂着村庄共同体，村民也在双方权力的争斗中"迷失了自我"。

第四节　小　结

从权力和利益视角看这一时期村庄共同体的样态，一方面，从权力视角来看，由于村干部在村庄各项决策中以为己谋私为先，损害了村民的切身利益，村集体不再为村民提供庇护，村"两委"能力也不断下降。同时，村民与村庄权威之间的权力关系发生反转，"上访派"通过村委会换届选举的方式成为村庄的另一个核心权威。在新旧势力的相互争斗中，村民个体的利益无法得到保障，个体的权益逐渐被淹没。另一方面，从共同利益视角来看，利益基础的不一致性引发了村民与集体组织的脱嵌，村民在集体组织之中利益无法得到保障，这迫使他们从追求集体主义精神转向以个体利益为先。

伴随着企业资本对乡村社会的侵蚀，Y村的村民逐步走向理性化，乡村共同体逐步被撕裂，村庄也由此失去了内生的权威和秩序。土地权益的缺失，促使他们离开村庄，脱离土地，他们的生产重心不再是进行农业生产，而是开始呈现外向型特点，村民与村庄之间的依附关系也随之变弱。在村民不再能够从村庄共同体获得好处的情况下，村庄的社会性界限渐渐变得模糊不清，而村与村的社会关系与精神关系则被切断，村庄也就呈现出越来越多的原子化个人。于是，很多村民选择离开村庄，有的村民可能还居住在村里，但对村庄事务已经毫不关心，村庄共同体不复存在。

尽管随着经济的进一步发展，村庄社会分化是一个必然的趋势，但在Y村，自从村民自治制度开始实行后，村委会的竞选成为老书记L某或者说企业负责人与 G 某两派之间的博弈，村民被搅入严重的派系对立之中。双方展开了激烈的权力之争，在选举中一方当选必然是另一方失败。而在失败方不甘心退出村庄权力舞台的情况下，村民被进行深度动员，在村庄事务中制造各种矛盾，人为地制造出对立的情绪。被积极动员起来的村民，要参与村庄事务就必然要在两个对立的派系中做出"非此即彼"的选择，由此引发了村民的"再沙化"和村民小组的离散，村庄共同体被撕裂。

第六章

村党组织书记"一肩挑":国家权力下沉与村庄共同体重塑

从当前乡村治理的现实而言,村庄共同体是影响国家乡村振兴战略全面实施的基础。Y村在长期的"两委"矛盾中,深陷泥潭,基层组织软弱涣散,这源于国家权力对基层干部权力运作过程的规制不足。因此,新时期要实现乡村振兴,重塑村庄共同体,需要国家权力的介入。在村党组织书记"一肩挑"政策的背景下,针对Y村的特殊情况,夏县党委、政府及早谋划,在选人用人上下大功夫,通过在全县干部中考察、选拔、确定下派人选,同时提供各项政策支持,助力其在2021年换届选举中成功当选。国家权力的下沉,改变了村庄的权力格局,村级党组织从软弱涣散到凝心聚力,实现了村庄共同体的重塑。

第一节　国家权力下沉的背景

在乡村治理中,党支部和村委会之间的张力一直是影响村庄发展的关键问题。新时期,党的领导能否适应村庄发展的需要,直接关系到乡村振兴战略发展目标的实施,关系到党在农村社会的领导地位,关系到农村社会的前途和命运。但是在乡村治理的实践中,要实现治理现代化,急需加强基层党组织自身建设,提高农村党支部的战斗力,转换农村党支部的产生方式和领导方式,实现党支部和村委会在相应权力和规范化制度等方面能够高度统一。

一、从"两票制"到"一肩挑"

农村基层组织，是中国共产党在农村的全部工作和力量的基础，它全面领导着乡、村级的各项组织和管理工作，必须坚持党的领导和领导作用不动摇。然而，在成立之初，村民委员会与村党支部之间的职能划分和权限界定就没有一个清晰的规定。因此在实际工作过程中，党组织的功能与作用都面临着巨大的挑战。基层党组织的组织架构不完善，致使在不少农村地区出现了个别党员干部特别是党组织书记滥用手中职权的情况，严重破坏了党组织在党员和广大居民群众心中的领导地位，降低了农村党组织在村民群众中的威信，使党的凝聚力和战斗力大为减弱，党员的自豪感和荣誉感受到影响。此外，由于基层党员队伍老化，后备力量不足，整体素质参差不齐，管理能力差，加之权力下放（由党员推选出来的支部书记和由村民推选出来的村委会主任），党支部在农村开展工作更加困难，群众对党组织能力的质疑，严重影响了党支部对村民自治的领导。因此，如何协调好由农民直接推选出的村委会与由党员直接推选产生的党组织间的关系就成为基层治理中无法回避的重要问题，而这一关系长期无法处理又会造成"两委"之间不配合问题越来越突出，甚至严重威胁着基层党组织对村民各项工作的正常领导、开展，以及村民群众自治活动的顺利进行。

因此，徐勇认为，要想解决农村党支部自身建设滞后这一问题，关键是要加强农村基层党组织自身建设，把支部建立在群众认同的基础之上。① 要理顺村"两委"之间的关系，必须要强化基层组织的组织结构，要改变其产生的权力和途径，以增强基层党组织的凝聚力和战斗力。

山西省河曲县的"两票制"就是在这一背景下产生的。"两票制"是农村党支部选人机制的制度创新，试图通过党内民主与党外民主的结合，实现

---

① 徐勇. 中国农村村民自治 [M]. 武汉：华中师范大学出版社，1997.

党对村民自治的领导。① "两票制"是全体村民投票表决，由党员根据投票人数确定党支部，然后召开全体党员代表大会，由人民投票选出支部候选人、由党员投票选举支部班子的方式完成村党支部的选举。通过对河曲县城关镇基层党组织换届工作进行尝试，村级换届工作得以顺利开展，村庄财务管理混乱、干群关系紧张、村民积怨等问题得到了有效的解决，村委会从"乱"向"好"向"优"转化。城关镇党委于 1991 年 10 月出台了《关于采用"两票制"建设农村党支部班子的实施方案》，将这一选人机制在全镇范围内进行推广，用两个月的时间实现了全镇 13 个党支部的成功换届。② "两票制"是理顺村"两委"关系的一种创新，它促进了村庄党支部与村委会之间的团结，从而强化了基层党组织的民主意识和群众基础，为改进党群关系发挥了重要的作用。在中央和地方政府的大力支持下，山西的"两票制"于 1997 年在各地得到了普遍推行。

"两票制"经验的全国扩散衍生出了"两推一选"制度的创新。"两推一选"的支部选人机制是分别由党员会议和村民会议共同推荐产生党支部候选人，乡镇党委组织在进行严格考察确定正式人选后再实行党内选举，由全体党员选举产生新一届支委会。1998 年，安徽省滁州市凤阳县进行了"两推一选"试点工作，历时一个半月完成推广并取得了良好的成效。"两票制"和"两推一选"的制度创新在解决村庄矛盾上起到了积极的作用，但随着村民自治的发展，农村党支部和村委会之间的张力愈演愈烈，这一制度已经无法从根本上解决村党支部书记和村委会之间的矛盾。

为了从根本上解决村"两委"矛盾，2002 年中央 14 号文件③建议推行"一肩挑"的村务换届。所谓"一肩挑"，就是一个人担任党支部书记和村委会主任，村组干部可以交叉任职。这一制度的提倡为解决村"两委"矛盾提

---

① 董江爱. "两票"制、"两推一选"与"一肩挑"的创新性——农村基层党组织执政能力建设的机制创新 [J]. 社会主义研究，2007（06）.

② 同上。

③ 《中共中央办公厅、国务院办公厅关于进一步做好村民委员会换届选举工作的通知》，2002 年 7 月 14 日，中办发〔2002〕14 号。

出了新方向，缓和了村庄社会权力争夺形成的张力，增强了村干部的团结协作，并在实践中取得了良好的效果。

从制度创新和制度设计上来讲，在 Y 村的实践中，无论是"两票制""两推一选"，还是后来的"一肩挑"，都是解决村庄现有矛盾的一个合理路径。这种干部权力产生的创新机制推行的时间正是村庄"两委"矛盾对立的阶段，但其在 Y 村并没有真正意义上落地，从而引发了村庄后来激烈的派系斗争，最终导致了村庄共同体被撕裂。对此，乡镇人员谈到，"当时乡镇也在各村实行了'两推一选'，但国家只是提倡从党员大会和村民大会中推荐，也并没有明确规定必须是先从党员大会推选还是先从村民大会推选。针对 Y 村的情况，村党支部群众基础比较差，如果从村民大会推，那么推不出来并且容易发生不稳定事件。为了保证能够平稳换届，就采取了先进行村委换届的方式"。① 因此，可以说，这项支部选人的机制并没有真正在 Y 村实行。究其原因主要有两个层面，从制度层面来讲，"两票制""两推一选""一肩挑"制度的实行仅仅只是地方的创新和政府的提倡，并没有政策的硬性指标和要求，这项工作被视为可以"选择性执行"。从现实层面来讲，当时乡镇的各项工作在"进入"村庄的时候并没有遇到太大的阻力。村民与村干部之间的矛盾自 1998 年支部书记成立企业起，到 2005 年企业变更到其儿子名下，才开始逐步升级，可以说虽然当时村庄存在一些村民与干部、村民与企业之间的"小摩擦"，但矛盾并没有激化到后来那种"不解决就不行"的程度。因此，Y 村错过了解决村庄矛盾尤其是最重要的村"两委"矛盾的良好契机。

二、村党组织书记"一肩挑"：重塑村庄共同体的期望

党的十九大后，中央制定了"一肩挑"的村党支部书记制度，以强化党对农村工作的全面领导，推行村党组织书记同时也担任村委会主任、集体经

---

① 来自该乡镇书记 Y 张某的访谈。

济组织和合作社负责人，推行村"两委"班子成员交叉任职①，将"一肩挑"制度的新内容与传统的"一肩挑"相结合，将"中央提倡的"提案变为国家的一项强制政策。国家关于"由村委会书记兼任村级集体经济组织、合作经济组织的领导，实行村级集体经济组织和合作经济组织的领导，实行村级两委干部交叉任职"的重大决策，要求在全国农村实行"一肩挑"。"一肩挑"是村党支部书记提高工作效率、减少村内耗、增强村组织凝聚力的重要实践经验，是新时期加强党对农村工作全面领导的必然要求，对村党组织书记和乡村治理体系建设提出了更高要求。与以往"一肩挑"最大的区别是，以前"一肩挑"时，村党支部书记、村委会主任由一人兼任。此次村党支部书记"一肩挑"，不仅强调村党支部书记兼任村委会主任，同时兼任村集体经济组织、农民合作组织等负责人。其主要目标是更好地发挥党组织在农村各项工作中的领导作用，体现为党对农村的全面领导。②

该机制较好地化解了村"两委"矛盾，也很快得到了中央的认可和支持，村党组织书记"一肩挑"机制较好地化解了村"两委"矛盾，也很快得到了中央的认可和支持。该机制强调农村基层党组织的领导核心作用，强调农村基层党组织的领导核心作用，要求把村"两委"换届选举结合起来，提倡把村党支部领导班子成员按照规定程序推选为村委会成员候选人，通过选举兼任村委会成员。提倡拟推荐的村党支部书记人选先参加村委会主任的选举，获得群众承认以后，再推荐为党支部书记人选；如果选不上村委会主任，就不再推荐为党支部书记人选。提倡村委会中的党员成员通过党内选

---

① 《中国共产党农村基层组织工作条例》（2018 年 12 月 28 日印发，第六章第十九条）；《中共中央 国务院关于坚持农业农村优先发展做好"三农"工作的若干意见》（2019 年 1 月 3 日）；《中共中央 国务院关于建立健全城乡融合发展体制机制和政策体系的意见》（2019 年 4 月 15 日印发，第三部分第十八条）；《中国共产党农村工作条例》（2019 年 8 月 19 日印发，第十九条）；《关于加强和改进乡村治理的指导意见》（2019 年 6 月 23 日）。

② 董江爱，郝丽倩. 新时代实施村党组织书记"一肩挑"的困境及出路［J］. 社会主义研究，2021（02）：123-131.

举,兼任村党支部成员。①

从总体上看,"一肩挑"得到了很好的推广,2017年自治组织总统计(一)的统计结果显示:截止到2017年底,全国村党组织书记和村委会主任"一肩挑"的比例达到33.3%,比较高的有海南88.4%、湖北83.6%、山东76.4%、广东73.9%、北京57.7%。② 这一统计数据充分说明,实行"一肩挑"是坚持和加强党的全面领导的必然选择。③

在Y村,随着村"两委"矛盾的不断激化,村庄权力陷入了"空转"的状态,出现了乡村权力"悬浮"、村党组织软弱涣散、乡镇政府的各项工作在"进入"村庄的过程中遭遇重重阻碍。新时期的村党组织"一肩挑"成为解决村庄现实矛盾的最优路径。实行村党组织书记"一肩挑"是国家制度层面的要求,同时也是Y村发展困境的破解之道。据乡镇工作人员谈到,村里的干部各有各的考量,双方结下的心结无论是通过干部谈话、打感情牌,还是项目合作都无法解开。双方为了选票可以不计后果,开展的所有工作也都是为了斗争。在这种"你主张的就是我反对的"村庄治理状况下,干部是无法做到公平公正的。而乡镇政府只能力求在平稳发展的过程中尽量往好的方向发展,"为了使干部团结,村庄稳定,我们无时无刻不在做努力,但村里却无时无刻不在搞破坏"。对于乡镇政府而言,也没有办法对双方中的哪一派进行约束,因为会引发乡镇政府"偏袒"另一方的舆论压力。乡镇办事也"游离于党纪法规、亲情、规则之间的灰色地带"。想要突破目前"宁愿不干事,也不要干错事""如果毒瘤不能一次性剜出,我们也会遭到反噬"的困局,那么国家权力的下沉与"一肩挑"制度的推行无疑是一个最优选择。

---

① 《中共中央办公厅 国务院办公厅关于进一步做好村民委员会换届选举工作的通知》,2002年7月14日印发,中办发〔2002〕14号。
② 中华人民共和国民政部.中国民政部统计年鉴(2018)[Z].北京:中国统计出版社,2018.
③ 董江爱,郝丽倩.新时代实施村党组织书记"一肩挑"的困境及出路[J].社会主义研究,2021(02):123-131.

第二节 干部下派与培养：国家权力下沉的运作过程

村党组织书记"一肩挑"是新时期强化党对农村工作的全面领导，保证党的路线、政策和决策的落实，避免村"两委"权力斗争，避免村庄的派系和内斗的重要举措。村党组织书记"一肩挑"的推行，能够充分调动村民的积极性，进而使村民群众成为办好村庄各项工作的主体力量。

一、政府谋划，下派书记

（一）前期的谋划

从总体上看，在村庄实践中，无论是乡村治理层面还是村民对村干部的期许，都要求新时期村干部的人选要具备比以往更高的素质和更强的工作能力。对于派系斗争、土地问题凸显的中国农村而言，当前这样的情况不在少数，即有着土地资源充足、村庄基础较好、经济发展条件好等优点，却因资源的争夺引发了"两委"换届激烈的竞选和选举后双方产生了较大的分歧，更有甚者发展为派系斗争。村庄呈现出"两委"干部相互对抗、对峙的鲜明特点，导致村庄内出现了较大的内耗，同时也给村集体带来了巨大的损害。

对 Y 村这样村中内部派系分明、斗争激烈、矛盾纠纷突出的村，乡镇党委和政府部门在如何派人、选人上下足了功夫。2017 年，考虑到村支部要正常开展工作，而支部书记又没有合适的人选，在乡镇党委的指示下，由支部副书记尉书记（女）主持村党支部工作，尉书记是村里的老干部，分管村妇女工作十几年，有较好的群众基础。但在主持工作一年后，尉书记因发展党员问题被一些群众告状，最终被迫下任。发展党员是副书记主持工作后，考虑到支委班子成员中有两名支委年龄较大，并且在党员和群众中影响都不好，破坏了党员在群众中的光辉形象，而支部近 10 年都没有积极发展党员，党员队伍老龄化问题日益严重，后备力量明显不足。因此想出面解决村委班子成员和一些年轻积极分子入党的事情,在乡镇党委的指示下,尉书记主持召开支部大会,对村委会五人和积极分子三人的入党进行举手表决。支委班子部分成员和一些党员大闹会场,认为党员大会未经过支委多数人同意,不能召开。会后,村庄告状的材料就递交到县委组织部,状告乡镇党委书记"戴帽"发展党员、尉书记充当马前卒,同时提出支委多数人(支委班子成员 5 人中的 3 人)的意见是村委会班子以及新培养的积极分子等人政治条件不成熟,应该继续考察培养,不能确定为发展对象。在党员的不断告状下,尉书记的代理支部书记职权被取消。

党的十九大提过要全面推行村党组织书记"一肩挑"的政策后,乡镇党委就针对村庄内部选不出合适的党支部书记的情况进行了多次会议讨论,考虑从乡镇政府的公职人员中选派一名合适的干部,期望通过下派干部这种外生的力量解决村庄长期的内部矛盾。经过乡镇党委多方考察与商讨,选定了乡镇工作人员郭同志到村担任党支部书记,考虑到郭某是 Y 村本村人,其工作能力突出,对村庄情况也比较熟悉,便于 2018 年下派其到村担任村党支部书记。郭某是乡镇机关人员,也是土生土长的 Y 村人,由他担任村党支部书记,在开展村庄工作时至少是不缺乏支持者的。他也是在市级重点项目颗粒有机肥基地建设的背景下到村任职。在乡镇党委的大力支持下,经过支部书记郭某和党员干部的共同努力,推动了项目的征地工作。"在起初的征地中,有很多村民持观望的态度,也有一些村民是反对的,不愿意企业再在村庄占用村民的土地。但是当时郭支书他到村工作,又是自己村的人,他为人办事也考虑得周到,工作上有魄力,很快就得到了村民的认可。而且,他多番入户跟被征地的村民讲这次是政府行为,不是企业行为,并对补偿款能及时一次性拨付到位做了承诺,打消了村民的顾虑。在郭支书带领下,两委干部都积极投入到征地工作中。"① 在下派干部的介入下,村里各项工作运行情况出现好转,但村"两委"干部只是面上能过得去,派性问题仍然存在。郭某

---

① 来自 Y 村村民于某的访谈。

任职一年，后因企业征地过程中"麦田事件"影响恶劣，而支部书记是村庄第一责任人，因此他的支部书记职务被免除。

村庄内部的副书记兼任书记无法正常开展工作，而由乡镇下派科员干部到村一年又因企业征地事件被免职，使得村庄重新陷入支部书记空缺没有人选的局面。村庄出现"麦田事件"，面临巨大舆情压力，这使得县委县政府意识到村庄矛盾已经到了一个无可调和的阶段。至此，Y村成了县委书记直接管理的村庄，乡镇和村庄都选不出合适的村党支部人选，县委便把这一人选的范围扩大到县级层面。考虑到村庄矛盾较为激烈，县委征求各方意见，选派基层经验丰富、能被多数党员群众共同认可的县环保局副局长薛某兼任村庄党支部书记。薛某曾担任Y乡镇的党委副书记，有良好的群众基础，便于村庄工作的开展，由薛某这样一个县级干部担任能够起到稳定局面的作用。乡镇还配备了两名工作人员协助其开展工作。同时也考虑到下一年即将进行换届选举，期望能通过薛局长兼任村党支部书记，暂时把村庄的局势稳定住，然后通过村庄培养和县级选拔同时进行的方式为村庄培养或选拔下一任党支部书记。薛某上任后，对全村114名党员走访座谈，基本了解掌握了党员的思想动态，有5名党员表示支持尉书记（女副书记）；有25名党员表示支持支委班子中的GX、GWX2人；有8名党员表示支持支委班子中的冯某；76名党员表示中立。

薛书记在任一年（一年后退休），解决了"麦田事件"事件留下的后续问题，使村庄得以稳定，也为接下来的下派干部打下了稳定的基础。借由此事村庄问题得到一定解决，整体向好、向稳发展。2020年，薛某退休后，县委经过初步人选确定、谈话、政治审查等方式，从拟定的4个人选中推选出一名合适的人选纪委监委干部Z某。

（二）人选的确定

"制度的生命力在于执行。"[1] 村党组织书记"一肩挑"是党全面领导乡

---

[1] 中共中央关于坚持和完善中国特色社会主义制度推进国家治理体系和治理能力现代化若干重大问题的决定［N］. 人民日报，2019-11-06.

村工作的必然趋向和重大措施，其重点是贯彻。而要实现"一肩挑"，就要有"一盘棋"的思路，明确村党支部书记的责任和标准，明确村干部的选拔任用，并按照每个村的实际情况分类施策，选好人，配强村"两委"班子。乡镇党委在深入分析研判的基础上，确定了村（社区）两委主干意向人选，对长期任职但业绩平平的"守摊型"干部进行果断调整；对敢于担当、致富带富能力强、敢闯敢干以及在重大任务、中心工作中表现突出的大胆使用；做实做细，谈心谈话，精准选用，列出有参选意向的人员名单，建立工作台账，切实做到心中有数。

在国家领导下进行的这次换届，必须有党员、群众代表和村民共同参与，方能顺利进行。领导好"两委"和村委会的换届，是各级党委和村委会的一种重大的政治工作。但是，从便于开展工作的角度来看，究竟是什么样的人能够在两次选举中被选入村党支部，以及"一肩挑"的工作人员，却是需要政府来考量的。从国家层面来看，最重要的是要寻找一位能够代表国家利益的执行主体，特别是当前我国政府和农民的利益有一些冲突的时候，"一肩挑"的选择不仅会影响到国家的整体效益，还会影响到农民的权益能否得到维护。

Y村位于乡村社区的核心地带，由19个小组成员构成，形成了一个类似于传统村落的村庄共同体，村民对自己的社区事务和公共利益进行管理。与此同时，通过国家扶持、新乡贤的回返等手段，对乡村进行"辅助"，以达到治理效果。村庄管理社区由政府主导，包括县级政府、乡镇政府，其职能是利用政府的政治、行政、财政等公共资源，强化村级班子凝聚力，引导村党员和村民通过自治的方式管理农村公共事务，政府指导不包揽、指导不主导。2020年，县级党委果断下派纪委监委的年轻干部张某到村担任支部书记，Z某年轻有为，有魄力，肯担当，至此，村庄局面得以好转。

纪检干部Z某的下派，对村庄长期存在的"两委"矛盾有了缓解作用，下派干部不牵涉村庄任何一方的利益，在处理村庄事务中能够做到公平、公正，再加上其本身能力较强、素质较高，在一年的下派过程中，积极参与村庄事务，在村庄发展中真正发挥了"领头雁"、带头人的作用。

二、政策支持，树立威信

(一) 矛盾和排查化解

为了改变 Y 村"老大难"村庄困境，基层政府在纪委监委干部 Z 某到村任职后，给予了政策支持和项目倾斜，开启了针对村庄"土围子"的"破冰行动"。县级政府在 Z 某到村后，专门设立 Y 村帮扶工作组，由县级纪委监委部门抽调的 3 人组成，帮扶期限为 3 个月。支部书记和帮扶工作组 3 人分成两个小组就村庄情况就行走访调查摸底、矛盾纠纷排查以及矛盾排查后的化解工作。

首先，进行走访调查摸底。深入村庄，以"政策法规宣传，村情民意调查，矛盾纠纷排查"为主要内容，做到"两个全面"，即工作队走访涵盖所有村组；调查的范围涵盖了村委干部、党员、村民代表和村民小组的成员。通过实地调研，了解了群众对村"两委"班子工作成绩的评估，收集了村"两委"班子建设、党员队伍建设的情况，并建立了一套详细的调查问卷，制订了具体的工作方案和政策。

针对前文提到的参加战争的老兵有家不能回的事件，帮扶工作组做了大量的工作，但由于档案不清，四址不明，双方僵持不下，问题难以解决。当年通信不发达，外出老兵从离村后和村庄、战友、亲戚一直没有任何来往，也无法取得其联系方式和住址。工作组又通过公安系统对该村民进行查找，查到其女儿在西安市秦宇派出所，通过多方联系找到其女儿居住的居委会联系方式，通过电话联系到老兵的女儿。经多方协调，2020 年 4 月 20 日，双方就房屋宅基地一事自愿达成协议，在乡政府和派出所人员的见证下签订了调解书。冯家无条件对老兵的损坏房屋进行修复，自行砍掉院中的两棵槐树，以自家墙根外皮为界，完成双方的宅基地确认，并确保自家亲属对老兵的房屋不再进行损坏。村庄 20 年的历史遗留问题得以解决，村民对此惊叹不已。"这么多年都没人下大力气去解决这个问题，最后让大家都不以为意的年轻后生给解决了,村民不得不惊叹纪委下来的干部办事的果断。"Z某和纪委监委同志愿意将村庄谁都不愿触碰的"烫手山芋"毫不犹豫地接下,并且下大力气,多方查证、沟通协调,最终使事件得以圆满解决,让村民看到了下派干部的力量。

其次,矛盾纠纷排查化解。针对"麦田事件",政府组织了专人对群众开展宣讲,加强正面引导,并通过逐户走访、组织村民代表座谈会等方法,解决群众反映问题、回应群众关切、打消群众疑虑、理顺群众心态,同时对该公司出现的补偿不到位、手续不完善等问题进行了解释。针对目前群众与企业、群众与干部的矛盾以及潜在危害社会和谐的问题,开展了一场大扫除。"麦田事件"发生后,被征土地必须尽快进行复播,扶贫行动动员并组织群众参加复播。一星期后,该公司在其被征土地上进行了复耕和灌溉,植物生长状况得到了改善。征收的所有土地都进行了确权,村民也全部认领;48户家庭的土地款也被全部追回,并发还给了国家财政;根据现有的规范,公司弥补了差价,完成了占用的程序,并从根本上消除了问题。工作结束后,对民意进行了回访,两个工作组的各方面工作都得到了村民的认可。

最后,做好矛盾排查化解。由驻社区的扶贫工作组牵头,由村级党组织与村委会协调,对当前群众和企业情况,对群众和党员出现的主要问题,对可能影响社区和谐发展的主要问题、潜在的问题等,逐项登记总结、分类研究。将社会问题、矛盾层层细分,细化到社会各个单位和个人,并落实了包协调处理、包教育等"三包"机制,以实现情况不发现不住手,问题不解决不停住脚。加大法律宣传力度,耐心、细致地进行思想疏导,使其稳定下来,不再对有关部门的无故缠访、闲访。在需要的时候,要按照法律的规定进行调解,而不是单纯地采用强迫解决的方式,以防止冲突加剧;对于故意挑起事端、煽动群众闹事的犯罪嫌疑人,及时收集相关证据,按法律法规执行,并保证问题的解决,真正维护农村经济社会稳定。

(二)推进村庄民生工程

针对村庄基础设施长期无人建设的情况,帮扶工作组积极向上级部门申请项目，对村庄的基础设施进行整改建设。街道的整洁与绿化是一个村的形象，面对村集体经济几乎一无所有的现实，帮扶工作组多方协调积极向上争取资金，绿化了 13、15、16 组环村东西道路 700 余米，完善了 15 组至新十字街的下水道工程，拓宽了南北大街，彻底解决了南北大街脏乱局面。在施工中，支部书记 Z 时常亲临现场严抓质量，坚决杜绝前任修路、后任就烂的现象。针对 9、10 组部分地裂户拆迁遗留的宅基地，再次积极向上级部门争取资金 100 余万元，把曾经杂草丛生、碎砖烂瓦肆意堆放的垃圾场打造成让人赏心悦目的村内小游园。不仅把 9、10 组的规划户和地裂拆迁户的巷道完全硬化，同时铺设了下水管道，而且在巷头路边全部栽上树木花草，完全达到标准化新农村的要求。2021 年的道路硬化工作前期因雨水天气，一再推迟，第二年配套的下水道全部完工。全村的绿化美化建设使村里面貌焕然一新，在此基础上，各种工作领域都有了质的跨越。

饮水解困工程。由于地下水位不断下降，农户水源问题始终是一个热门话题，同时也严重制约着 Y 村的经济社会发展和农户生存水平的改善。该村原来的水井，管路和供水设备都已经严重老化，饮水解困迫在眉睫。对此，驻村帮扶组与乡镇包联干部多次联系专家探讨研究，多次上网查询，一致认为，要干就用目前国内最科学最实用的 PE 管材，后期在施工过程中也遇到很多实际困难与突发状况，包村领导任主席（乡镇人大主席）下沉到村，一起商量解决，最终完成了这项工作。在项目实施过程中，第一，坚持党组织领导，工程开展之前通过支村委会议研究决定成立了领导小组，由 16 组老党员 FYZ，12 组老党员 FBL，6 组组长 FHL 三位同志具体负责。第二，商谈管材的质量和价格，Z 某与包村领导一起，先后与国内几十个厂家取得联系，相互比较，最终拍板定弦。第三，在工程设计方面，结合村庄实际情况，决定采用在巷道中开双沟，铺设双管道的供水方式，最大限度地使各户都能正常用水，避免了因巷道深、管道长而带来的供水不足问题（邻村一般采用开单沟，铺设单管道）。第四，在施工方面采用公开招标方式，最终以每米 11 元的价格达成协议，这个价格也远远低于邻村的价格。在具体施工中，因大多数巷道都有电杆，开沟机械无法通过，就采用挖掘机开挖。第五，在项目进行中，勤俭节约，精打细算，处处节约。在项目完成后，收取各户的800元初装费还有极少部分结余，结合南北大街的拓宽工程，经支村委会议研究决定，村民代表大会通过，结余资金用于拓宽南北大街和修复被损毁农户的门前台阶。

针对村"两委"班子推动产业结构调整和产业升级能力不足、思路欠缺、办法不多等问题，多措并举引导产业发展。在乡镇党委、政府的支持下，逐步完善基础设施建设，优化生产生活环境。依托村庄区域和产业优势，改变传统种植小麦和玉米的单一模式，大力发展经济林种植产业。通过技术培训、项目扶持、土地流转等多种形式，实现经济林种植规模化、标准化、品牌化，培育壮大村庄优势产业。经过和县农业农村局的同志进行大量调研，确定在巩固传统优势粮食种植的基础上，积极推广特色产业发展，在支部委员冯某的带领下，建设 220 亩优质葡萄种植项目，建设蔬菜大棚40 个。

除此之外，还完成了裂缝地质灾害的预防治理工作。2021 年雨季来临，村民纷纷反映，在这项事关民众生命财产的安全议题中，支部召开会议，当机立断，进行治理。在市地质灾害专家的指导下，采取了路边砌筑拦水坝，增加亮井数量，铺设地埋管道引水入河等治理措施。这一批利民项目的扎实开展，有效化解了一些村民群众反映较强烈的民生实事、重大基础设施项目等社会领域的问题，大大增强了村民的幸福感和得到感。

（三）加强村庄综合治理

加强村庄综合治理。定期分析研究中国农村社区的综合治理态势，以形成共建、共治、共享的农村社区综合治理格局为总体目标，加强对基层社会治理和社会建设的指导和管理，促进社会居民自治，构建以群众需要为中心的社会管理体制。

第一，强化法律意识。县政法委、县司法局、县人民法院三级单位在全县范围内进行了以"传播法治、普及法律常识、构建社会主义和谐乡村"为主题的"法治宣传"活动。合理运用村级会议形式在大舞台上开展法律宣讲，并采取高悬宣讲横幅、设有宣讲展板、设有法律服务咨询台、微视频等多种形式，引领全体农民和乡村社区党员干事自觉地学法、懂法、守法、用法，合理运用法律来维护自身的合法权益和履行法定义务，消除群众"信访不信法"现象，为维护农村稳定营造良好的法治环境。2021年，由市县两级法院共同举办了"送法下乡、普法惠民"的文艺演出，现场观众达到1000多人次，用这样的形式向基层群众进行普法教育。

第二，大力发展先进的社会主义文明。县级政府、乡镇政府、村级党组织在Y村，通过开展"四好"家庭、卫生家庭、"好媳妇""好婆婆"等一系列的评选，大力弘扬"敬老爱幼""邻里和睦"等优良传统文化。通过对"新乡贤"的典型示范和引导，持续培育乡村文明风气。动员广大人民群众参与演出，不断充实农村人民的精神生活，促进精神文明的发展。

第三，组织外出考察参观。在县纪委监委和乡镇党委的支持下，组织村"两委"干部、党员、群众代表赴浙江枫桥学习社会综合治理经验，并将考察经验转化为指导村庄治理的制度和措施。

三、观念转变，村民觉醒

（一）观念的觉醒

利益源于政治，也归于政治。权力斗争和利益分配不均，派系双方利益的关系没有得到很好的解决，影响了村民利益的实现。村民的政治利益是指村民能够在实际政治过程中，例如参与选举，或通过享有参与村级公共事务管理而满足自身政治利益诉求。其他一些学者则把政治兴趣看作是政治主体在政治活动中所获得的收益。因此，在研究村民政治利益的实现时，要满足政治主体的利益，就应该赋予他们参与政治生活的权利，维护农民的政治利益。[①]

---

① 赵子良. 农民政治权益的缺失及保障 [J]. 求实，2005 (01).

农民的政治利益是指由权力话语、权利行使、群体认同、地位荣誉、威望影响等多种要素构成的过程、结果的总和。农民参加政治活动的基本起点是影响和推进政策制定，以实现一定的利益诉求。综合以上分析，著者认为村民利益的实现在整个村庄治理过程中是不能被忽略的，是需要被重点关注的，在利益受损的情况下，村民开始觉醒，更加注重利益的表达，期望通过政治系统进行利益综合，只有最终实现决策并切实满足村民的利益需求，村民利益的实现过程才是民主的参与过程。Y村庄基础设施无人建设、历史矛盾无法解决、集体经济衰败的现状，对村干部的个人能力、自身素质等都提出了更高要求。"他们希望干部能够提供良好的服务，公正处理日常事务，特别是能够带领群众迅速致富。只有这样，村干部才是真正的好当家人。否则，村干部就会失去权威基础。"[1]

起初村民对下派干部是没有信心的。"原来Z某刚来的时候，村里人都说下派干部也是下来镀一层金，没几天就回去升职了，影响不了村庄的大局。况且这么多年，已经成了一个烂摊子，谁还愿意管咱村。Z某又年纪小、资历浅，在双方的斗争中，能保持中立不站队就很难得了。"[2] 但是，Z书记进村和帮扶工作组一起对村庄矛盾纠纷排查整改，在"抗战老兵"事件的协调解决和"麦田事件"的后续处理上有魄力，有效率，同时扎实推进村庄街道的整洁与绿化、饮水解困工程、地裂缝地质灾害的预防治理等，在这一系列行动后，村民对这位县里新下派来的村党支部书记有了新的认识。Z某在基层政府各项政策倾斜和项目支持下，在村民心中树立起了新时代干部的威信。在项目工作以外的时间，他认真对全村党员群众代表逐户访谈，对村庄和村民之间的矛盾以及村庄发展的期许进行了全面的了解。"Z书记还是个刚三十出头的年轻人，刚来村的时候我们想，村里这么乱，小孩来了工作难开展，在村里也是受委屈。但是他从进村，就全心扑在村，比本村人还像本

---

① 徐勇，吴毅. 乡土中国的民主选举：农民村民委员会研究文集 [M]. 武汉：华中师范大学出版社，2001：6.

② 来自Y村村民冯某的访谈。

村人。对上，跑县级各个单位给村里争取项目支持；对下，也有耐心帮我们这些老人们解决生活上的难题。"① Z 某在村一年所做的工作，村民都看在眼里，都为这位年轻的下派干部竖起了大拇指。

2021 年国庆假期，山西遭遇了大暴雨，晋南地区更为严重，降水量达到同期的 3 倍以上。65 岁的冯老师说他这辈子也没见过这么严重的暴雨洪灾。当时村庄半数的庄稼都被淹了，十几户村民的房屋出现了裂缝，交通道路也被损毁。灾害发生第一时间，支部书记 Z 某就积极组织村民先依靠自己的力量进行抢险。"他冒着大雨赶到村，组织'两委'干部和村民群众一起参与到自救中，不到半个小时的时间，便成立了村庄自己的抢险队，30 名队员都是年轻体力较好的人。这时候的村民不也管是哪一派了，纷纷拿出自家的锄头和铲子，和曾经争得面红耳赤的敌对派一起跳入排水渠，冒着大雨搬挖泥石，成功将村子的排水渠疏通。"② 据村民讲，自他们看到支部书记 Z 某在暴雨灾害来临的时候，选择和村民一起排水解困后，村民对这位年轻的下派干部再无反对的声音，大家都从心底里认可了"这就是我们的支部书记，在他的带领下，村庄只会越来越好"。

（二）觉醒中的"艺术"

选举的治理化与村级组织熟练运用正式权力和非正式权力有关。对这一结果解析，我们认识到，对换届的操纵充分利用了正式权力资源之外的乡村社会中的文化传统、利益预期等多种资源。在 Y 村，由于人口较多，每次换届选举参与竞选的人都不少。村民更多寄希望于国家权力的介入下，通过下派村党组织书记的方式，打破村庄之间两派势力长期斗争的局面，从而组建一个能带领村庄真正实现振兴的班子。

在 2021 年支部候选人推荐会议中，考虑到村庄党员偏老龄化，不识字、无法自己手填选票的情况较多，乡镇党委配工作人员进行代笔，超过半数党员在参加选举之前，手中就拿着"小抄"，即由竞选人提前做好的写好竞选

---

① 来自 Y 村村民于某的访谈。
② 来自 Y 村村民冯某的访谈。

人名字的小纸条,让党员按照纸条上的名字进行选票填写。在过程中,一名老党员让乡镇工作人员代笔,纸条上的名字是冲,该党员示意代笔的工作人员将"冲"字写成"鹏"字,代笔人员三次确认不是字条上的字,但该党员仍然坚持这样填。事后,著者深入该党员家中询问缘由,他谈道:"支委班子成员里的有些人素质极低,他给了条让我们照着定好的名字写,我不想昧着良心选他再进支委班子,村庄乱套这么多年,现在国家政策好了,我们也看到点希望,所以名字我是故意让代笔人员写错的。我也不敢得罪这个委员,但写成错字他的这一票就是无效的,他也不能怪我,我就是个文盲没什么文化写错能理解。""政治参与是任何社会群体维护自身利益最根本和最主要的手段,农民也不例外。"① "一张选票代表着一种把外部成本强加给他人的潜在权力。"② 党员就用这样的方式表达其对该支委班子成员的不认可,这是党员在人情社会里不得已与村庄干部的周旋,同时也是党员觉醒的最直接的表现。

Y村居民的行为选择的前后变化反映出理性的选择,而这种改变是由政府的力量所决定的。政府权力意味着正式、正确、可靠,比村庄的公众权力更大,更值得信赖,乡镇政府以及下派干部的做法让村民信服,也打消了他们对风险的担忧。正如村民所说的,"遮在村庄天空的那团乌云终将散去,蓝天会更蓝"。

第三节 凝心聚力:国家与社会互动中的村庄共同体重塑

2021年换届是顺应时代发展的需要推行政策要求,是贯彻落实党的十九

---

① 陈晓莉. 政治文明视域中的农民政治参与 [M]. 北京:中国社会科学出版社,2007:102.
② [美] 詹姆斯·M. 布坎南,戈登·图洛克. 同意的计算——立宪民主的逻辑基础 [M]. 上海:上海人民出版社,2014:266-270.

大精神，加强组织建设，推进乡村振兴战略的具体实践。与往届有不同之处在于：2021年村（社区）"两委"换届是"两委"班子任期由3年改5年后的首次换届，首次对村（社区）"两委"干部年龄、学历、结构等予以明确，正处在2020年合并行政村过渡期，同时要求积极推进"一肩挑"。上述情况导致换届面临的形势和环境、挑战和问题，与以往大不相同。每个村党组织都是党和政府的"神经末梢"，是基层工作的前沿阵地，基层组织力量配强了，才能打通政策落实的"最后一公里"，才能有力地把基层群众凝聚到、团结到党的周围。

一、从外来干部到高票主任

（一）地方的严密组织

山西省夏县村（社区）"两委"换届在2021年，恰逢建党百年，是巩固脱贫攻坚成果同乡村振兴有效衔接之年。全面推进乡村振兴的深度、广度、难度，都不亚于脱贫攻坚。全省"十四五"转型初具雏形，在乡村振兴战略背景下需要一个有能力的"头雁"，也急需一个致富带富、经济实力强、敢闯敢拼、能促进农村复兴的领导班子。

县委、县政府十分重视换届工作，对本次村党支部的换届和村委会的选举做了明确的规定。在村委会换届中，要抓好两个方面的工作：第一，要对候选人进行严格的选任，按照"两推一选"的方式选出。具体来说是在乡镇（街道）党（工）委的领导和引导下，根据党员推荐、群众推荐"两推"的原则，确定候选人的初任推荐人选，并报乡镇党委审议。二是精心组织大会选举，严格把控三个环节。第一，合理确定参加党员大会选举的应到会党员人数，对不能参加选举的5种情况①，经过征得党员及其家人的同意，报乡

---

① 中央组织部《村党组织换届选举操作程序》中规定：党员因下列5种情况不能参加选举：一是患有精神病或因其他疾病导致不能表达本人意愿的；二是自费出国半年以上的；三是虽未受到留党察看以上党纪处分，但正在拘留的；四是年老体弱卧床不起和长期生病生活不能自理的；五是工作调动，外派锻炼、蹲点，外出学习或工作半年以上，按规定应转走正式党组织关系而没有转走的。

镇支部委员会批准,并由全体代表会议批准后,可以不计入参加会议的党员总数。第二,在村(社区)的党组织选举中,通常采用的是"间接选举"的方式,首先由党员大会选举产生委员会委员,再由委员会委员选举产生书记、副书记。第三,积极发动广大党员,尤其是外来党员,采取电话、微信等形式,积极发动群众参与。

村委会换届着重抓好三个方面:一是依法选一位村民代表。村(居)民代表在依法参与换届时,必须选举组织主任,并选派政治上可靠、群众中公认的党员或骨干作为副主任;选举委员会负责人作为村(居)民会议选举的代表,由副主任依法负责推选工作。二是要做好有关选举的备案工作。选举结果必须做到全面、精确、正确,确保投票者的投票权和被选举权,防止被剥夺政治权利者参加选举。要积极与农民工进行联系和交流,积极发动有能力的农民工返乡竞选,提高选民参与度,为基层选举奠定坚实的基础。三是要做好选民的选任工作。推行"全程签字",保证选举法定程序和程序严格落实,不能走弯路。"回避"制,即在选举当日,先由候选人进行选票填写,填写完并进行投票后需进行回避,以保证选举现场投票的民主。采取"秘密划票"的办法,在会议现场设置秘密投票区,保证投票人投出的选票是个人意愿的体现。规范选举活动,加强对流动票箱的管理,保证选举依法公正、规范有序。

夏县全县 171 个行政村,村"两委"班子成员共 1049 人。为进一步做好各村(社区)"两委"换届有关工作,夏县成立了换届选举工作领导小组、换届选举工作领导小组办公室、换届选举重点困难村包联工作组、换届选举工作指导督导组等 5 个领导机构,同时向各乡镇(县社区服务中心)派出村(社区)"两委"换届顾问;制定"两委"换届关键节点应对处置指导意见,针对换届可能出现的问题进行了明晰,并提出了相应的处置意见。

第一,成立了"两委"换届选举工作领导小组,由县委书记担任组长,县委副书记,县委常委、组织部部长,县人大常委会分管副主任,县政府分管副县长担任副组长,相关成员单位主要负责人为成员的村(社区)"两委"

换届选举工作领导小组。各乡镇党委、县社区党工委成立由书记担任组长的领导小组，切实加强对村（社区）"两委"换届工作的组织领导。第二，成立"两委"换届选举管理工作领导班子，确定各单位工作职责。第三，向各乡镇（县社区服务中心）派出村（社区）"两委"换届顾问。按照具备丰富乡镇（街道）党（工）委书记等工作阅历的领导干部或退岗人员，与村庄换届经验不足的乡镇（街道）党（工）委书记结成对子的要求派出12名曾经担任过乡镇党委主任、具备丰富乡镇工作资历的县直单位领导人员，担任村（社区）"两委"换届顾问，"一对一"地辅导乡村（县社区服务中心）开展换届工作，帮助其把握好政策，规避好风险，解决好疑难问题，各换届顾问要全程督导、全程参加各村（社区）的"两委"换届选举工作。第四，成立换届选举重点难点村包联工作组。为进一步做好该县10个重点难点村换届选举工作，以保证重点难点村换届当选管理工作稳定和谐秩序地开展，圆满完成换届当选各项任务，成立换届选举重点难点村包联工作组。该工作组负责全程参与、全程指导、全程监督换届选举重点难点村换届选举工作。在走访研判"回头看"和综合分析评价的基础上，直面矛盾问题，对重点难点村逐村制订工作方案，聚焦突出问题，针对性地选派相关职能部门人员驻村帮助问题整改。第五，建立了夏县农村（社区）"两委"换届及选举管理工作的指导督导组。负责全员介入、全员监察、全员监察村（社区）"两委"换届选举工作。强化村（社区）"两委"换届纪律监督，根据中央、省、市有关搞好换届纪律监督工作有关要求，紧盯村级换届选举工作的全流程和各环节，立足职能位置，强调重大问题引导、工作目标引导、成果引导，通过跟踪监察、精细化监察、全员监察，以最严格的纪法制度保证村（社区）"两委"的带领班子成员换届管理工作稳定有序、风清气正。聚焦"动员部署"强化监督，聚焦"选举准备"强化监督，聚焦"组织选举"强化监督、聚焦"后续工作"强化监督。第六，及时出台针对"两委"换届期间重要节点的处理工作文件，以保证中央妥善处置好换届选举期间的重要节点、关键环节中容易出现纰漏的问题，最大限度降低和防范化解可能出现的风险点。

截至夏县村"两委"换届之前,山西省的"一肩挑"比例是84.6%,出于绩效评价考虑,基层换届需要达到全省平均水平以上。运城试点县临猗县和垣曲县"一肩挑"比例达到94.4%和100%。有试点县的这个比例标准,夏县对农村换届也是要求"一肩挑"比例达到100%。夏县的整体安排是10月15号之前完成支部换届,11月底之前完成村委换届。由于此次换届,学历要求和年龄限定等标准都较高,乡镇层面在执行过程中压力巨大。夏县最大的乡镇S镇基本上都是大村,18个行政村当中,3000人以上的就有10个,大村多,派系就多,都是遗留下来的10多年都解决不了的矛盾,信访问题也比较突出。还有一个重要的原因就是离运城的开发、空港比较近,涉及征地问题,利益争夺非常激烈。2017年换届的时候,县上派了20多个防暴队,一个村4000多选民,两方就差20票;一个村3000多选民,双方的票数相差5票。在访谈中,这一任乡镇书记也提到这次换届难度较大,考核任务重,要完成18个行政村的"一肩挑"是一个巨大的挑战,如果换届不顺利,那这可能就是自己政治生涯的终结。现在干部之间已经从竞争发展到斗争。不要硬性地搞也不要一刀切,不然本来没有派系的村,这下可能就有了。通过近些年村庄的发展,本来消除的派系,可能通过这一次竞选又重新有了。

著者认为,该乡镇人员有这样的担忧,源于在换届之前准备工作不足,当然指的不是换届流程的不足,而是缺乏一个对干部的培养过程。"一肩挑"全面推行的政策早在2018年就已确定,人选的考察和培养需要一个长期的过程,很多地方的乡镇党委、政府在这方面工作相对滞后。加之此次换届要求高,任务重,尤其是对支部书记的人选在学历、年龄和比例方面都做了具体的要求。因此,在村党组织书记"一肩挑"成为一个必须要完成的政治任务时,乡镇党委的应对能力就和任务的要求有了差距。

(二)Y村的成功实践

在此次换届中,乡镇党委、政府对Y村的情况非常重视,多次与村庄党员、群众代表、新任村干部以及离任老干部进行谈话,主要针对此次换届的村庄矛盾,换届后的集体经济村庄规划等进行了了解。在下派干部的带领下，两委班子成员入户宣传农村党组织书记"一肩挑"政策，对"一肩挑"是解决长期以来村庄派系矛盾的合理选择进行分析。同时也希望借由实行"一肩挑"的契机，对村庄党组织进行整顿改善，以完成上级政府下达的政治任务，并在村庄对组织内的党员进行约束管理，真正在村庄发展中起到带头人的作用。"刚开始咱也不懂啥是'一肩挑'，乡政府专门组织让去学习，支部书记在大会上也多次讲到，国家政策要求这次换届实现党组织书记挑村里的职务，就是都一个人，这就是咱村需要的，村子几十年两方你争我夺的，根本不顾及村里的利益，村民都是苦不堪言。"①"两委"换届选举的目标是要换出新气象、新作为，不是为了个人利益和家族利益。要讲清楚资格、条件、年龄、学历、"一肩挑"等方面的政策要求，真正选出"双强双好"班子干部，团结带领群众全面推进乡村振兴，不断提升基层治理水平。

诚然，之前村庄的分裂是村庄权威、权力的弱化，无论是村级党组织还是村委会对村民的行为都不再具有约束效力。因此，基层政府希望借由"一肩挑"的政策，通过村级权力结构的重组与优化来调节村庄长期形成的矛盾。"从2019年村庄矛盾冲突到达顶点后，村庄一直处于无序的状态，双方站队非常明显。不管你做什么，反正我就是不让你做成，凡是你坚持的，就是我反对的，凡是你要做的，不管是不是对村民有利，我都要使绊子。越是对村庄发展有利的事情，越反对得厉害，因为怕做成，你就得民心树立起威信了，那以后想再扳倒就更难了。这让我们乡政府的工作人员也很难做呀！你不管，有时候工作没法开展；你管，他们会看你是偏向哪方，有偏向就说你也站队。"② 很明显，"一肩挑"政策的推行是解决Y村长期以来双方矛盾斗争的最有效的途径，同时也是唯一的途径。

从Y村的候选人推荐会议开始，乡镇党委就严把换届选举程序关，做到公开、公平、公正。2021年10月5日，Y村将举行支部委员会主任选举推荐大会，会议从上午10点左右开始一直持续到下午4点，而选举大会则从早

① 来自Y村村民于某的访谈。
② 来自该乡镇副书记吴某的访谈。

上 10 点到下午 4 点延续了一整天，应到会 145 人（党员代表 113 人、非党员群代 25 人，非党员村民大会负责人、群团体会主任、县乡人大代表 7 人），实际参加 120 人（党员 91，群众代表 29）。推选结果为原支委班子 5 人，过半数的只有 2 人，下派干部票数占最高 92 票。按照村级组织委员会换届选举的一般程序规定，在全村党员干部和群众推举中，村党组织委员会在得票数达到总建议票 1.05% 以上的党员干部中，根据不小于总党员干部职数 20% 的差异比率，决定了村级组织委员会初选主任、书记、副主任候选人。于是，会议推选出来支委成员 3 人，乡镇党委根据得票情况由镇党委考虑决定再推荐两名年轻党员，配齐支部的 5 个职数。随后在村支部的选举中，实到会有选举权的党员 88 名，下派干部张某以 79 票的赞成票高票当选。

11 月 20 日，Y 村第十二届村民委员会换届选举会议开幕，投票分为 20 个组进行，共有 19 个队，并选出委员会主席 7 人。11 月 20 日晚上 9 点，Y 村举行了第十二届村民委员会换届选举会议，全村共选举 4103 人，分设 20 个发票、写票、投票点，每个点工作人员 6 名（组织选民、核对选民证、发票、代笔、监督票箱、特警各 1 名）。投票截至 13 日时，共发放主任委员选票 3677 张、副主任委员选票 3677 张，收回主任委员选票 3673 张、副主任委员选票 3674 张。唱票、计票分 7 个工作组同时开展，各组织人员共 9 个（监票人 3 名、唱票计票各 2 名，特警 2 名）在 17 点进行了计票，大会选举产生主任 1 名，副主任 2 名，委员 2 名，其中，一名委员为女性，实行专职专选。选举结果为：主任，下派干部 Z3331 票；副主任均为初次进入两委班子成员的年轻人，票数分别为 1872 和 1861 票；委员同上一届村委班子的委员相同，票数分别为 2594 票（妇女干部专职专选）和 2162 票。

按乡镇党委前期的谈话摸排，原任的村委班子 4 人竞选，在选举筹备过程中，有 1 名原村委会副主任身体不适，放弃参与竞选。村级代表大会的竞选结果，为已成功参选村支部书记的下派党员 Z 某，通过村委会代表选举的方式竞选高票当选为 Y 村村委会主席，并顺利地做到了与村级组织书记的"一肩挑"。两名副主任在"两委"中交叉任职，班子成员职数也从 10 个下降至7个。这是Y村自选举以来，仅有的一次"两委"班子职数为7。总体来讲，Y村换届选举非常成功，主要有以下两个原因，一是乡镇党委在人选上谋划早，拓宽选人渠道，严格人选标准，对Z某的选定是经过多番考察、严格审查的，大胆起用年轻干部的选择是有点冒险，但实践证明，基层政府的选择是正确的；二则和支部书记Z某个人的能力有很大的相关性，Z某担任村党支部书记时采取的一系列工作措施都受到村民的认可和拥护，村民重拾了对村干部和村庄共同体的信心。不得不提的是，在这一过程中，Z某的单位纪委监委也为其在村庄的各项工作提供了强大的政策和项目支持，这当然也是国家权力下沉的优势所在。

二、从组织涣散到组织聚力

"一肩挑"制度的推行增强了党对社会的领导，增强了国家对乡村社会治理的能力，同时也增强了地方党委、政府对村级的领导能力。实际上，在执行中结合上级党组织的授权和村民选举的民主授权，调和并理顺了两种权力来源的冲突。支部书记Z某通过竞选成功当选为支部书记和村委会主任后，改变了村庄权力格局，通过党组织整顿提升，重新筑起了农村支部的战斗堡垒。

第一，做好党建阵地建设，实行网格化管理。对农村党群服务站进行了提档升级，对村庄内原有的大会议厅、小会议厅，规范进行标牌悬挂，从而实现了"五务四场"的工程目标，即党务、村务、服务、医务、商务；小广场、大会议室、晒粮场、体育馆。为了让群众第一时间了解便民政策，更好地为群众服务，Y村党支部建立了2个Y村便民服务微信群及4个网格服务微信群，对便民政策第一时间进行传达，随时为村民答疑解惑，提供优质服务。

第二，要把两党的联系协调起来。一些党员由于长期在外定居、外出打工、出嫁等因素，不能参与到党组织的日常工作中来。根据《中国共产党章程》《中国共产党支部工作条例（试行）》的规定，将这些党员干部的正常组织生存移交至开展工作地点和活动的地方组织机构，以保证党员干部正常的社会组织生存、接受教育培训，更好地行使党员权利和履行党员义务。完善机构制度。全村共有党员112人，数量庞大，要充分发挥党组织的战斗堡垒地位和共产党员在国民经济建设与社会发展过程中的先锋榜样地位。Y镇党委根据《中国共产党章程》《中国共产党支部工作条例（试行）》的规定，成立了党总支部委员会，切实增强Y村党组织凝聚力、战斗力、创新性。

第三，贯彻"勤换思想少换人"的思路，认真做好党员干部队伍的思想政治建设，增强党员的凝聚力和合作精神，增强党员的政治素质。加强党的政治工作。开展了"加强党务工作大讲堂"，聘请了省、市、县级以上党校的老师做了专题讲座，将习近平新时代中国特色社会主义思想和党章等作为重要学习内容，不断提高党员干部的党性和政治素质。在"七一"前夜，组织全体党员赴水头、闫赵考察基层党建和村级治理工作；在堆云洞革命根据地，重新学习和学习新知识，并举办党日活动。与此同时，班子成员还下定决心要改变观念，要为乡村建设提供后备人才。从运城市"凤还巢"的回乡创业人士、专业农业合作社主任、知识分子、优秀妇女等优秀群体中储备人才，注重党组织的建设，不断充实优秀人才进入党组织。以岗位定责，压担成长，培育8个后备干部，为村庄的发展提供了人才支持。

第四，发挥党员先锋模范作用。扎实展开了党员干部联络农家、党员户挂钩、保证践诺、设岗确责等教学活动，以充分发挥共产党员作用。要把参加组织生活、交纳党费、承诺践诺等问题纳入党务管理，对亮比争等问题开展亮晒评比、督查落实、动态管理、摘星授星，按照10%的比例选择党员示范岗，引导党员争星创优。3星级以上的，要及时进行整顿和改进，切实解决了党的职能不能充分发挥的问题。做好"两评一考"工作，坚决处理思想腐化、作用弱化、宗旨观念淡化的不良分子，让广大党员接受深入的党性和党员标准教育，不断提高党员教育管理质量。

第五，以党建工作引领推动工业发展。实行"合作社+农户"的管理模式，打造阳光玫瑰、蓝宝石、克伦生等新品种葡萄产业基地，2022年种植面积600余亩，相比上一年实现了种植面积翻番，葡萄连片种植产业园已经初现雏形。Y村"南果蔬、北蚕桑、中间畜牧小镇"的产业布局，已成功引入西夏市世邦农产品发展公司，该公司并在Y村建立供菜及养殖基地，流转连片土地190余亩，从事西兰花种植，实现村民增收致富。

"一肩挑"成功实施，下派干部高票当选，村庄重新组建了团结战斗的两委班子，通过党组织的整顿提升，组织凝心聚力，村民在干部的带领下重新形成村庄建设合力，村庄迎来了前所未有的大好机遇。

三、从被动治理到主动治理

实施乡村振兴战略的核心目的是让村民过上更加美好的幸福生活。充分调动村民作为乡村振兴主体的积极性，充分发挥好村规民约的法律功能，增强农民的自主能力，培养好农民共同体意识是激活乡村发展活力的关键所在。村"两委"班子在支部书记的带领下，发挥全体班子成员的力量，实现了从被动治理到主动治理的跨越。

（一）村"两委"议事决策和服务的规定

为了规范村"两委"议事决策规则和为民办事流程，村党组织在广泛征求党员和群众代表的意见后，对村"两委"干部的民主议事决策和为民服务代理进行了明确的规定。村"两委"干部民主议事决策制度规定，村"两委"理事会以村支书为组长，不能参加的情况下，可以请村长、副书记亲自召集和召开；出席大会的人数要占"两委"党员总数的2/3，视工作的要求，由主持人指定相关人员出席。开会要做好登记，每月召开一次村"两委"代表大会，根据特殊情况，可以在任何时候举行。会议的内容主要是制订和贯彻上级党委和政府的方针政策和指示；对农村党的建设、经济建设、精神文明建设、公益民生等问题进行讨论，制定相关的政策；上级党委、政府及有关单位所提出的重大问题；其他需要进行的重大工作；由"两委"大会审议的专题，须经调查后，由委员会讨论决定的，须由支部委员会先行讨论，大会的讨论事项和时间,须于一日内向全体委员通报。有些重要的计划、建议之后,要先征求村民代表的建议,然后再由村民代表进行审议,然后由村民代表进行审查。投票的方法取决于所讨论的问题。每位投票者均有清晰的观点,投票时赞成人数多于出席人数的一半即为有效。没有到会的会员的投票将不会被记录在投票中。大会对各议题做出决断时,须逐一进行投票,经大会主席现场宣布并拟定会议记录及决议。

村干部为民服务全程代办制度,实行村民轮岗、轮班,每天都要接受、受理服务事项,实行第一问责任制。能及时处理来电和来访的问题,要及时处理。对群众提出的问题要尽快解决,不得有"推诿扯皮"的情况发生,也不能放任不管。对于无法全程代办的咨询事项,要对村民进行详细的说明,予以协助,并进行登记。对来访者要做到热情、体贴,有礼貌。代理机构在为人民群众办事的时候,要把各类资料妥善保存,并按照相关工作流程,将相关事宜及时回复给申请者。对于群众手续完备、程序简便、可以现场办理的简单申请,必须现场办理,或当场办理。受理业务包括残疾人证申请、流动人口计生证申请、独生子女证申请、生育登记申请、农村婚迁申请、大中专毕业生户籍回迁申请、农业人口最低生活保证申请、农村五保办理、农业人口合作医疗报销申请、个体工商户照申请、农民建房申请、个人创业登记申请、粮食直补申报、贫困户申报等。

(二)成立"五会"组织,实现自我管理

Y村在村委会选举成功后,村"两委"班子将推选村民小组长和村民代表列入村庄重要议事日程,坚持把村民的意愿放在首位,选举能够得到大家信赖,能够代表大家观点,能够对大家负责的人。村民委员会成员对选举的家庭和团体负有责任,并由村民委员会对其进行监督。在农村的重大活动中,可以引入他们的代表,让他们具有更多的选举权、管理权、监督权和决策者,这样就更好地激发了他们的主动性。同时,要加强党务、村务、财务三公开,建立村务监察小组,并对村务进行监察。在全村村民商议后,形成了具有鲜明特点的"五会"村庄,包括民调董事会、乡贤会、红白委会、道德评委会、爱心义工协会。这些都是按照农村实际情况来进行村社工作、实现村社自治的一种行之有效的途径。

承担协调各类民间冲突的调处工作，传达有关法律法规、条例、政策措施等，指导广大民众遵纪守法，遵循社会主义道德，并向上级组织报告调处工作情况；搞好矛盾纠纷的早期预防工作，对各种矛盾纠纷进行有效的调查，并掌握辖区内各种社区不安定的主要原因，向村党支部、村委会汇报调解工作等。

为使新乡贤在村庄中的价值导向、道德教化和文化传承中的角色得到充分的体现，村庄成立了乡贤理事会。乡贤理事会是以参与农村经济社会建设、公共服务、提供决策咨询、民情反馈、监督评议及开展服务为宗旨的公益性、服务性、非营利性的民间组织。在支部书记 Z 的带领下，村庄成立了乡贤理事会，协助党支部和村委会化解邻里纠纷，协办公益事业，促进村民自治。其主要工作内容有帮助解决乡村矛盾，维护社会的稳定；帮助组织村民申请并资助农村公共事业的建设；推动中华优秀传统文化的传播和乡村文明建设；参与乡村振兴和社会治理等重要工作；负责协调村民大会，及时向村民反映问题和建议；根据本系统的工作内容和工作重点，协会每年都要对全村进行一次公共的承诺，并主动接受村民的指导和监督。参加乡贤理事会，并且要举行年度的理事会总结。大会的召开应以主席或副主席授权之方式召开。大会之议事日程，必须以出席大会之会员之过半数同意方可做出。委员会在年底举行一次年度的总结会议。按照"满意""基本满意"和"不满意"三个等级，对"委员"的工作成绩进行考核。被超过一半的人评为"不满意"，将会被取消理事的职务。在村党组织和村委会的指导下，红白委员会在党员和村委会的指导下，积极开展对党和国家的路线方针政策，以及国家有关法律法规的宣传教育工作。

村民道德评议会是新时期加强乡村居民的思想品德教育的一种有效途径，村庄建立了"道德评议团"制度，并在此基础上建立了"道德评议团"制度，这一制度在推进乡村精神文明的进程中起着十分关键的作用。由村民推荐、村党组织审查决定的评议委员,每个月都要对村里的道德问题进行一次全面的考核,对村里的好人进行宣讲,对不文明、不道德的现象进行批评和教育。把"红脸出汗"作为对党员的批评和自我批评,也应用于村务管理。

成立了"爱心义工"协会,并确定了成员的工作任务:制订章程,在村里及时发布志愿者信息;承担义工招聘、管理、考核和奖励;承担社会志愿者的专业知识、技能和安全培训;依法筹措、运用和保管志愿者的费用、物品;义工组织向村党支部、村委会、上级机关进行工作报告。

除此之外,Y村经济社在村"两委"全体成员的共同努力下正式组建。共1948名成员享有股份,其中25名社员代表。第一届社员大会于2021年12月25日召开,大会修改了有关的条例和规定,并通过推举形成了合作社的首届理事会组员3名、监事组织成员3名,由支部书记任主席、副书记任监事长。此次活动,有利于完善村级集体资源的整合,通过对农村集体资产结构进行重大改革,进一步探索资源变股权、资金变股金、村民变股民的"三变"模式,给村民创造了全新的脱贫致富途径,也提高了村民的经济发展动力,提高了村民的财产收益,实现了农村集体资产的保值,"股"民增收,社会稳定,促进了村庄社会全面和谐发展。

第四节 小 结

党的十九大以后,为加强农村基层治理,中央把"一肩挑"的政策从倡导转变为强制性国策,在农村社会全面推行村党组织书记"一肩挑",这是新时期乡村治理过程中全面加强党的领导的必然要求,是基层组织建设和村庄治理的又一大制度创新。

Y村的改变,从基层政府谋划下派人选开始,下派干部到村担任村党组织书记,改变了村庄之前二元权力中心,缓解和消除了"两委"之间的矛盾冲突和权力结构不稳问题。政策倾斜和项目支持，加之下派干部本身较高的素质和过硬的工作能力，其很快在村庄树立起了威信，并在 2021 年的换届中高票当选为该村组织书记，并经过村委会投票，担任了党组织书记、村委会主席、农村集体经济组织和农村生产联合小组的副主任。下派干部将国家权力、基层政府权力吸纳到村庄共同体重构中，重新筑起了基层党组织的战斗堡垒。从 Y 村实践来看，"一肩挑"正是乡村治理场域中"权力—利益"关系转向负反馈的关键，国家通过"一肩挑"将分散、对抗的权力整合起来，以制度化、规范化的方式输入，构建共同性利益和公共精神，在信息反馈中实现多种权力的制约与互动，即国家规制与村民自治的有效互动，促进了稳定的村庄共同体的重塑。

第七章

结论和讨论

党的十九届四中全会提出了新时期构建"社会治理共同体"的命题，村庄共同体作为社会治理共同体的重要组成部分，是国家治理的重要基础。长期以来，我们对于共同体的认知一直停留在滕尼斯所界定的依靠血缘和地缘关系构建的村庄共同体，这种村庄共同体固然温情脉脉，令人向往，但是这种村庄共同体是建立在稳定的、不流动的乡村社会之上的，不能满足乡村治理乃至国家治理现代化的要求。随着市场经济对农村基层社会结构的冲击和乡村治理的现实困境以及国家治理体系和治理能力现代化建设的要求，村庄共同体需要融入治理要素，这就要求我们梳理村庄共同体的变迁，分析其演变的要素，将国家、基层政府、村治精英、村民吸纳到乡村治理场域中，构建符合新时代要求、与乡村振兴实施相适应的村庄共同体。

第一节　结　论

权力和利益是影响村庄共同体变迁的重要因素。学界对此持有两种固有范式，即权力支配范式和利益支配范式，这两种范式都是在分析乡村关系中研究乡镇政府对于村干部的动员和激励。这种范式的区分，实际上割裂了权力与利益的关系。

一、"权力—利益"关系是形塑村庄共同体的关键因素

在乡村治理中，村庄权力结构是国家治理的基石，由多种类型权力构成的权力体系，形塑了不同的乡土权威，决定了乡土社会人与人的关系，这恰恰是构建村庄共同体的关键。因此，对于村庄共同体的认知首先需要厘清权力，有人认为权力是一种政治资源，也有人认为权力是一种能力①。著者认为权力兼具资源与权力二重属性，权力就是围绕资源和利益生产、交换、分配的一系列运作过程以及结果。所以，权力不能简单从政治或经济思维单线来看，而是需要回到权力生产、运作的场域中思考，这就需要我们重视权力运作背后的因素，而利益以及利益关系是影响权力的首要因素。利益是人们一切行动的动因，利益是影响村庄权力结构的主要因素。在乡村治理场域中，权力的运作形式和运作结果背后都藏着纷繁复杂的利益关联。权力与利益就像"双生子"，权力为利益产生提供了利器，同时利益又是权力运作的"指挥棒"。权力与利益究竟是什么关系，二者的关系如何影响村庄共同体的变迁，在新时代，权力与利益关系如何调整才能更好适应乡村振兴的现实要求等等一系列问题都是本书关注的重要问题。

从 Y 村实践来看，"权力—利益"的互动关系可以用负反馈调节效应来剖析。赵鼎新通过对社会机制的研究，提出了正反馈机制和负反馈两大类机制，认为在政治系统或者社会系统中，从信息输入端到接收，再到反馈，导致信息输入反馈与输入呈现相反结果，即为负反馈机制。反之，如果从信息输入到信息反馈呈现相同结果，即为正反馈机制。负反馈机制具有自稳定效果，由负反馈机制主导的系统因此也被称为智力系统。正反馈机制则具有不稳定性，由正反馈机制主导的系统因此被称为无智力系统。② 著者认为，上

---

① 彭澎. 利益转徙、权力转换与模式转型：农村基层治理权力结构变革的逻辑理路 [J]. 行政论坛，2017 (03)：31-38.

② 赵鼎新. 论机制解释在社会学中的地位及其局限 [J]. 社会学研究，2020 (02)：1 -22.

述机制可以有效解释"权力—利益"关系对村庄治理共同体变迁的影响。

从案例村庄可以看出，Y村的经济、政治以及文化在集体化时期全面发展，这一时期国家权力作为信息端输入村庄，自上而下的权力以及由此带来的权威实现了党和国家对村庄土地资源、社会资源以及文化资源的全面整合，集体利益的构建是维系自上而下的党政权力与自下而上的乡土社会权力的重要纽带，高度集中的权力促进利益整合和公共利益的实现，释放了复合型权力的治理效应。以Z姓为代表的大队党支部书记，通过国家身份赋权在村庄获得了绝对权威，更为重要的是，Z姓党支部书记通过个人的社会资本和能力，为村庄集体经济创造了良好的发展空间，使村庄集体经济迅速增长，有效地化解了全国大多数公社内部因资源短缺引发的干群矛盾及广泛的人际冲突①。此外，Y村依靠繁荣的集体经济、公平的利益分配、完善的村庄福利，已经构建出对共同体的归属和认同，这种认同将每个共同体成员与乡村共同体紧密联结起来，一定程度上缓冲了人民公社制度中的权力来源的合法性危机。高度集中以及高度复合的权力设置能够产生积极效益，源于共同利益的增进。正如上文所述，正反馈并不是生产稳定的机制，而是生产不稳定的机制。权力以集中和复合的方式输入，在正反馈的作用下造成权力使用的私人化，瓦解集体利益，为共同体的存续埋下隐患。

村庄共同体并不是在独自轨道运转，而是在国家与社会的互动关系中变化。改革开放以来，国家相继在各个领域分利让权，在农村出现的以家庭联产承包责任制的经济体制改革和以村民自治制度为主要内容的政治体制改革异军突起，对乡村治理产生了巨大影响。一方面，乡政村治的治理格局将集体化时期高度集中的复合的单一性权力，拆解为国家权力、基层社会权力双轨运行的局面；另一方面，集体化时期所依赖的集体利益，被以家户为单位的多元利益所取代。在政治制度和经济制度改革的双重作用下，Y村出现了权力与利益同时解构的正反馈结果。具体而言，集体化时期权力与利益运作

---

① 张乐天. 告别理想：人民公社制度研究［M］. 上海：上海人民出版社，2016：103.

的积极结果很大程度取决于能力强、素质高的村党支部书记 Z 某，这种卡里斯马式的人物能够将国家行政权力与村庄发展、村民需求结合起来；但这个过程是非制度化的，权力高度集中的惯性为个人谋利提供了便利，新继任的村主要干部通过权力创办私人企业，变卖集体资产，损害集体利益，造成权力与权威的分离；共同体所依赖的集体利益、集体观念、集体行动逐步消解，使得原本紧密团结的共同体演变为地理意义上的生活共同体。此后，基层政权、村干部、村民围绕利益争夺形成多个权力中心，并以彼此割裂、彼此对抗的姿态阻碍着村庄共同体的重构。多种权力的互相斗争导致外部力量无法嵌入，内部力量无法整合，就像一个静止不动的"土围子"，将一切政策、资源和发展可能排挤在外，正如村民所言，"是一个春风吹不到的地方"。总体而言，这一时期的权力是以权力分散的形态出现的，但从权力运行的结果来看，并未导向权力的重组和利益的重构，依然是一种正反馈反应。

随着国家对于基层治理体系和治理能力的现代化的重视，乡村治理逐步走向制度化、规范化、体系化。对于 Y 村而言，真正有决定意义的是 2018 年国家正式出台《乡村振兴战略规划》，该规划中对于实现村党支部书记"一肩挑"的要求，给基层政府传递了国家推进基层治理现代化建设的目标信号。Y 村所属的县乡政府为了响应国家要求、回应村民需求，先后从县乡政府挑选下派干部，辅之资源和项目，在 2021 年农村换届选举中成功完成了 Y 村的"一肩挑"，实现了国家基础性权力的嵌入。对于 Y 村而言，村党组织书记"一肩挑"无疑是一场针对派系斗争、发展停滞的破冰行动，下派干部将国家权力、基层政府权力吸纳到村庄共同体重构中。从 Y 村实践来看，"一肩挑"正是乡村治理场域中"权力—利益"关系转向负反馈的关键，国家通过"一肩挑"将分散、对抗的权力整合起来，以制度化、规范化的方式输入，构建共同性利益和公共精神，在信息反馈中实现多种权力的制约与互动，即国家规制与村民自治的有效互动，导向了稳定的村庄共同体。

二、村民行动受到"权力—利益"张力的影响

"权力—利益"的不同关系,即是正反馈还是负反馈决定着村民行动的类型。当权力围绕村民的集体(共同)利益的增进运作时,就会产生正向的村民行动,比如积极参与村庄建设等;当权力的运作无法促进集体(共同)利益的增加,就会分化村民行动,造成参与冷漠,甚至产生负向的村民行动,即村民抗争。这似乎是个不证自明的问题,但我们知道,权力天然带有强制和控制的属性,依靠强制可以生产服从,却无法生产认同,认同是村民行动的依据,而村民是积极还是消极,是支持还是抵抗,影响着权力能力属性的实现。这就导致权力主体(能够掌握资源,对他人产生实质影响的少数者)必须通过利益分配与福利分配来换取村民行动的支持。

从 Y 村的演变过程来看,集体化时期"权力—利益"关系呈现正反馈效应,这种正反馈效应是权力与利益的同向运作,即高度权力的输入带来的是利益的整合和集体利益的增进,权力的集中程度与集体利益增长呈现正相关。在"权力—利益"的同向正反馈作用下,村民一定程度上呈现出积极行动的状态,当全国大多数农村因为"搭便车""损公肥私""资源短缺"等困境低效运转时,Y 村却呈现出全员齐上阵、互相帮助、积极劳动、资源丰裕的景象。但这种积极行动是基于集体化特殊时期,以农业生产为主要内容的集体参与。从动机上,是在资源短缺下对于利益和福利的依赖;从行动规模上,是基于高度组织化的全村参与;从获得感上,村民可以通过集体经济获得生存保障,还可以通过集体化生活,增强彼此的联系和情感,以及享受由"比周边村庄生活境遇好得多"的感知所带来的集体荣誉感。但任何行动都基于特殊的社会结构,以国家权力下沉、增强国家汲取能力为主要目标的集体化,是在资源和自由供给不足前提下的封闭的、单一的、简单的、低层次的行动。尤其是到了人民公社时期的"组织军事化、行动战斗化、生活集体化",完成了国家对乡土社会分散权力的重新整合,却并没有对权力进行有效制约,村干部成为村庄权力的垄断者。

人民公社解体之后，村民自治的推行赋予了村民参与村庄集体资产管理的权力，对于 Y 村而言，村干部权力运作的核心应是如何平衡集体经济发展与村民有序参与村庄治理的问题。但事实上，小农占有财产的特性驱使村干部利用在集体化时期攫取的权力，开始了集体利益私人化行动，主要表现为变卖集体资产、创办私人企业，出现了"权力—利益"的反向正反馈，即权力的运作并没有带来村民利益的增进，反而造成了利益分化和村庄共同体中的人际冲突。随着冲突的加剧，Y 村的权力结构演变为村干部和普通村民两方对抗的局面。但相比村干部，普通村民无法通过村民自治所赋予的权力制衡村干部权力，只能通过"弱者的武器"维护村民权益。从行为动机上看，村民行动的核心目标是反对村庄集体资产私人化和村民利益如何保障的问题；从行动过程而言，村民的抵抗行动愈演愈烈，表现为从最初的"不去 L 家企业上班"，到最后的集体上访；从行动结果看，干群矛盾演变为派系斗争，对于权力和利益的争夺破坏了村庄共同体的联结网络，呈现出离散型参与样态。Y 村离散式的村民行动不仅制约了村庄发展，还弱化了基层政府与村庄的联系。

进入 21 世纪以来，国家对农村基层投入了大量资源，2022 年中央一号文件提出，要落实为农民而兴、为农民而建、让农民参与的乡村振兴和乡村建设，表明农民/村民行动已经成为乡村振兴的"最后一公里"。但与之前的单一式参与、离散式参与不同，这一时期的村民行动是以治理型参与为主要内容，要将责任、影响力、参与度、规则等治理要素纳入村民行动中，并在国家、基层政权与村民自治有效互动的框架中让农民行动起来。2021 年山西省在村"两委"换届选举中实行的村党组织书记"一肩挑"制度，实际上就是通过国家权力下沉化解村"两委"权力分化、对抗的局面，在治理有效的目标下整合乡村各主体利益，尤其是引导村民与基层政府、村治精英、社会组织、企业等多元主体围绕乡村振兴形成合力，共同参与到乡村建设当中，培育村民的积极行动意识和行动能力，发挥"权力—利益"反向运作的负反馈效应。

三、村庄共同体与村民行动的互构关系

基础不牢，地动山摇，农村基层尤为重要。在现代化进程中，农村不是成为稳定的来源，就是成为革命的来源。① 农村之所以能发挥钟摆效应源于一个个农民，即农民/村民行动，与村庄共同体的关系。村庄共同体由一个个村民构成，村民个体之间的结构关系，如村民是机械团结还是有机团结，影响着村庄共同体的稳定与能力；同时，村民行动的最终依据又取决于赖以生存的共同体能否在生产、生活、文化、情感等方面提供足够的保障。

Y 村在集体化时期能够在当地一枝独秀，很大程度上源于集体化时期该村较好地解决了两个问题：一是公平性问题，二是保障性问题。首先，从公平性问题上来看，中国小农自古就有"不患寡而患不均"的观念，公平始终是中国农民追求的重要价值。尤其是 20 世纪以来，出于国家政权建设的需要，中国共产党以集体化形式改造传统小农，不仅改变了传统社会农民的生产形态，还使得小农从传统社会的关系网络中解放出来。集体化过程不仅是资源整合和重新分配的过程，更是一个政治平等化的过程。作为集合意义上的人民中的一分子，农民个体之间不仅在经济上一律平等，而且在政治上一律平等。② 在 Y 村，公平的利益分配机制强化了村民默认的公平观念，体现在大家对人民公社制度及运行规则的普遍遵从和积极劳动。其次，从保障性问题上来看，Y 村依靠农副业共发展的集体经济，为村民提供了坚实的福利保障，满足了村民对于福利的需求。村庄共同体通过充足的福利供给获得了村民的认同，使得村民至今对于当时的"辉煌"念念不忘。总体上，Y 村从集体化到人民公社时期能够一直保持稳定与繁荣，关键在于解决了公平性和福利性的功能性问题，符合农民的生存伦理，使农民成为村庄共同体稳定的

---

① 亨廷顿. 变革社会中的政治秩序 [M]. 王冠华，刘为，等译. 北京：生活·读书·新知三联书店，1989：241.

② 刘金海. 社会化小农的历史进程：中国的经验 [J]. 华中师范大学（人文社会科学版），2007（04）：2-7.

力量。斯科特将公平性问题（即以谁的牺牲为代价）和保障性问题（即乡村能够为农民提供的保障），作为理解农民生存理性的两大因素，提出农民的反抗不仅是一个卡路里和收入的问题，而是农民关于社会正义、权利与义务及互惠概念的问题①。斯科特的生存理性虽然是在东南亚殖民化的背景下提出的，但是对于集体化时期生产生活资料匮乏的农村来说依然具有解释力。更为重要的是，理性一旦生成就会产生惯性依赖，会在很长时期内延续甚至扩张。正如徐勇教授所言："理性除了是客观环境的反映以外，它一旦形成还会形成自主性，即思维惯性。虽然环境发生了变化，但深深植根于社会心理结构中的意识，作为一种文化基因，会继续支配人的行为。理性受制于环境，有时环境改变了，人们仍然会按自己惯有的理性行动，从而有可能产生理性在原有环境下所不可能有的巨大能量。这就是理性扩张。"②

　　集体化时期，Y村共同的稳定源于强大的村庄共同体保障性功能。改革开放后，当家庭联产承包责任制在全国推行时，以家户为主要分配单位的土地所有制弱化了村庄的保障性功能，成为撕开Y村共同体的第一个裂口；而保护型干部的调离和谋利型干部的出现，导致村庄共同体集体资产的大量流失，则成为Y村共同体解体的第二个裂口。L姓干部上台后，依靠村党组织书记的身份私自变卖、侵占集体资产成立自家企业，并垄断党支部权力的行为，触碰了农民对公平性和保障性需求的底线，导致村庄权力结构向村干部和村民对立的形态演变。当L某的家族企业需要扩大规模，以资本的形象无情铲除村民即将成熟的麦子时③，彻底激化了村干部和村民之间的矛盾，村民以集体上访行动对抗企业，并在上访行动中选举出上访组织者为村委会主任，成为体制内维护村民利益的"当家人"，进而形成了以大多数普通村民为主体的另一个权力点，村党支部与村委会的矛盾就此形成。这表明当代表

---

① 斯科特. 农民的道义经济学：东南亚的反叛与生存 [M]. 程立显，译. 南京：译林出版社，2001.

② 徐勇. 农民理性的扩张："中国奇迹"的创造主体分析——对既有理论的挑战及新的分析进路的提出 [J]. 中国社会科学，2010（01）：103-118.

③ 见第四章"麦田事件"。

村庄共同体的公共权力不能与村民利益紧密结合，甚至损害村民利益时，农民不仅会收回手中的认同，更会以激烈的反抗形式出现，即农民抗争，加速共同体的崩溃。从结果上看，这种反抗超越了权力和利益本身，演变为一种"斗气""争面子"的行动伦理，在这种行动伦理的支配下，村庄共同体所依赖的社会网络犹如多米诺效应一样，导致农民出现了"再沙化"倾向。

乡村振兴战略的实施，标志着乡村关系步入新的历史阶段，社会治理重心的下移和资源的下沉使得重构"产业兴旺、生态宜居、乡风文明、治理有效、生活富裕"的村庄共同体成为必然要求。从 Y 村的演变进程可以看出，村庄共同体从团结到撕裂的过程是权力与利益交替影响村民行动的结果，其中既受到结构性因素影响，也受到功能性因素影响。集体化时期村庄共同体凭借强大的功能可以掩盖结构的不稳定，即便将村民以机械的方式组合，依然能够产生认同和稳定；但一旦共同体功能式微，结构性问题就凸显，村庄共同体就会受到村干部权力与村民权力的相互撕扯。山西省 2021 年的村"两委"换届中，村党组织书记"一肩挑"在全省范围内推行，倒逼着县乡党委以挑选后备干部、培养干部、村党支部书记竞选村委会主任的路径介入村庄，重构村庄共同体的权力组织结构，实现村庄共同体的功能提升，化解村庄共同体结构与功能的张力，将村民行动的最优解设定为构建与乡村振兴有效衔接的村庄共同体。

总体而言，权力—利益、村民行动与村庄共同体的关系，如下图所示，图 7.1 是集体化时期，Y 村"权力—利益"同向运作的正反馈关系，即权力的集中，公共利益的正增长。在正反馈的作用下，村民以农业生产为主要内容的集体参与，导致村民行动支持村庄共同体的行动，但是这种行动也依托于村庄共同体对村民生存理性的强大吸引力。图 7.2 是乡政村治时期，Y 村"权力—利益"反向运作的正反馈关系，即权力分散、公共利益负增长，导向村民背离村庄共同体的行动，从而造成村庄共同体的不稳定。图 7.3 是理想类型，代表着"权力—利益"反向运作负反馈关系，即"权力多元—公共利益增进"，这种关系会引导村民以向村庄共同体靠拢展开积极行动，这也是案例村实行村党组织"一肩挑"后的未来图景。

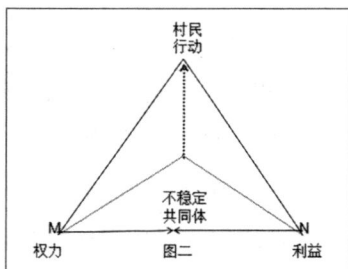

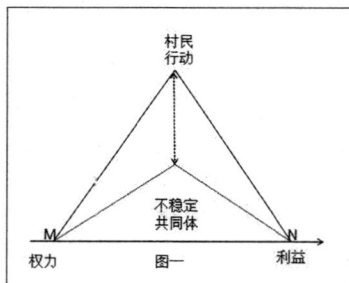

图 7.1 "权力—利益"同向运作的正反馈   图 7.2 "权力—利益"反向运作的正反馈

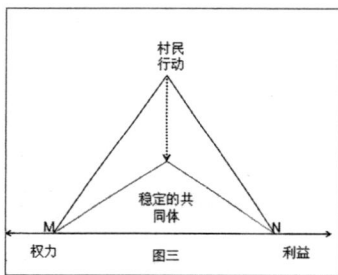

图 7.3 "权力—利益"反向运作的负反馈

第二节 讨 论

一、国家权力介入的必要性

学界关于共同体的讨论，从古至今就离不开国家权力。在"皇权不下县"的传统社会，以家族为单位的小共同体单元支撑起一个庞大的无为国家，"自治是在当地人民的具体需要中发生的，享受着地方人民所授予的权力，不受中央干涉。皇帝无为而能天下治的原因是有着无数这类团体遍地地勤修民政，集权的中央可以有权无能，坐享其成"①，"中国的治理史乃是皇权试图将其统辖权力不断扩展到城外的历史。因为在城内，缺少城外所遭遇到的来自氏族血缘性的抵抗"②。基于对小共同体本位的认识，20 世纪初中国共产党以政党下乡、行政下乡、宣传下乡实现国家权力对于乡土社会的渗透，此时村庄共同体的发展轨迹便印上国家权力的烙印。集体化是国家在政治、经济、文化诸多方面实现集中化的过程，这个过程中，基层官员凭借国家权力获得乡土社会中的权威，基层官员也会因自我利益的扩张产生政治阻隔的风险。③ 20 世纪 90 年代，村民自治的推行促使国家权力逐步退出乡土社会，基层官员基于自我利益扩张加强对乡土社会的掌控，因此，从村庄共同体的历史演变过程看，国家权力始终发挥着至关重要的作用，基于历史的路径惯性，国家权力也应当在当前村庄共同体的重构中发挥作用。

从当前乡村治理的现实而言，村庄共同体是影响国家乡村振兴战略全面实施的基础。从案例村的共同体演变过程可以看出，村"两委"矛盾、派系斗争等乱象很大程度上源于国家对基层干部权力运作过程的规制不足。因此，国家权力介入成为重构村庄共同体、重塑农村基层社会秩序的重要途径。当然，在国家治理体系和治理能力现代化的背景下，国家权力的介入需要在合法化、制度化的框架内进行。

二、国家权力与乡土社会权力如何平衡

自近代以来，国家权力与乡村社会的关系就进入学界讨论，体现在对国家政权建设框架的应用和反思，学者们将农村基层社会秩序变迁置于国家权力的集中化过程解释。杜赞奇基于对于 20 世纪上半叶中国乡村的观察，提出政权的"内卷化"问题，即国家通过增设机构实现对乡土社会的汲取，但

---

① 费孝通. 乡土中国·乡土重建 [M]. 北京：群言出版社，2016：160—161.

② [德] 马克斯·韦伯. 儒教与道教 [M]. 洪天富，译. 江苏人民出版社，2010：98.

③ 徐勇. 政权下乡：现代国家对乡土社会的整合 [J]. 贵州社会科学，2007（11）：4 -9.

国家权力的下沉破坏了乡土社会的文化网络，营利性经纪取代保护型经纪。杜赞奇的研究意在说明国家权力扩张与乡土社会规则的冲突，张静在此基础上认为人民公社时期，国家权力也没有完全进入乡土社会，国家权力的实际运作主要依赖于乡土社会的非正式规则和非正式治理技术。

国家政权建设框架，是从国家视角研究基层社会秩序变迁的，忽视了基层社会秩序的内生性演化逻辑。20 世纪 90 年代，国家的分权让利政策，推动了基层社会的快速发展，城市居民自治和农村村民自治异军突起，推动了"国家—社会"分析框架的运用，一大批学者从村庄内部演化自下而上地分析基层社会秩序的变迁逻辑，但是，"国家—社会"具有割裂二者关系之嫌，关于基层社会秩序的研究导向"回归国家"和"回归社会"两条路径。但事实上，国家的在场并不等于"国家"，村庄内部逻辑也不等于村庄的自在性，中国的国家与社会本来就是相生相依的，双方共同造就的地方秩序才具有性质上的自在性和逻辑自洽性①。黄宗智关于第三领域的研究给了我们启发，他认为，在正式制度和非正式制度间存在一个中间地带，即第三领域。从案例村可以看出，基层社会秩序是在国家权力扩张与基层社会内生特性的交互影响中变迁的，既有国家权力占主导的时期，也有基层社会权力占主导地位的时期，但均未取得预期的成效。著者认为，关键不在于国家权力与乡土权力谁支配谁的问题，而在于如何探寻一种双向互动循环的路径，通过重构村庄共同体实现治理转型，达到国家权力与乡土权力运作绩效的同步提升。

三、如何通过构建村庄共同体实现国家和社会的平衡

党的十九届四中全会要求"构建共建、共治、共享的社会治理共同体"，指出了村庄共同体的未来走向，即将乡村治理转型与村庄共同体重构结合起来，让基层政府、村治精英、社会组织、企业以及村民等主体通过共同参与村庄公共事务治理，重构村庄共同体。

---

① 刘金志，申端峰. 乡政村治研究评述：回顾与前瞻 [J]. 开放时代，2009（10）：133-143.

一是坚持统合吸纳。在治理体系和治理能力现代化要求下，村庄共同体的重构需要各治理主体共同参与进来，通过党政权力将乡村分散的权力、利益以及民意统合起来，寻求重构村庄共同体的最优解。但是这种统合吸纳不是机械的、无制约的，而是回应村民需求的、有机的、制度化的统合吸纳。从案例村看出，基层政府在推进村党组织"一肩挑"时，在政策要求的总体框架下，广纳民意，通过上级党委的积极行动，化解村庄长期以来的权力对抗，为村庄共同体的治理转型奠定了坚实基础。

二是尊重乡土社会特性。国家与社会互动的实现，需要国家，更需要社会，要坚持"国家介入—自治生长—国家退出"的路径。在重构村庄共同体的过程中，当特定的社会土壤难以自然自发再生村庄共同体时，政府作为行政主体，要积极介入。但更为重要的是，在外在建构的过程中要从村庄的视角出发，以内生性特质为基础，从外部注入活力要素，并且在合适的时机，减弱国家权力在乡村的实质的控制力，让自治回归自治本来的价值。

三是构建各主体对公共性的共识。从历史演进来看，共享秩序观念是联系国家与社会的重要纽带。传统社会国家能够以极小的官僚队伍实现大一统，关键在于士绅、村民与国家共享共同的秩序观念；集体化时期，国家通过集体化生活，同构了村民对村庄共同体与国家的认同。在治理主体多元参与的格局下，村庄共同体的重构需要以村民、基层政府、企业、社会组织等主体对于共同体的公共性一致认知为基础，以此从观念上制约治理主体自我利益扩张的倾向。

参考文献

中文文献

著作：

［1］中共中央马克思恩格斯列宁斯大林著作编译局. 马克思恩格斯全集（第一卷）［M］. 北京：人民出版社，2002.

［2］中共中央马克思恩格斯列宁斯大林著作编译局. 马克思恩格斯选集（第一卷）［M］. 北京：人民出版社，1995.

［3］中共中央马克思恩格斯列宁斯大林著作编译局. 马克思恩格斯选集（第二卷）［M］. 北京：人民出版社，1995.

［4］中共中央马克思恩格斯列宁斯大林著作编译局. 马克思恩格斯全集（第二卷）［M］. 北京：人民出版社，2002.

［5］中共中央马克思恩格斯列宁斯大林著作编译局. 马克思恩格斯选集（第三卷）［M］. 北京：人民出版社，1995.

［6］中共中央马克思恩格斯列宁斯大林著作编译局. 马克思恩格斯全集（第三卷）［M］. 北京：人民出版社，2002.

［7］邓小平文选（第二卷）［M］. 北京：人民出版社，1993.

［8］陈新民. 宪法基本权利之基本理论（上册）［M］. 台北：三民书局，1992.

［9］陈晓莉. 政治文明视域中的农民政治参与［M］. 北京：中国社会科

学出版社，2007.

[10] 董江爱. 精英主导下的参与式治理：建设社会主义新农村的常平之路 [M]. 太原：山西人民出版社，2007.

[11] 费孝通. 乡土中国 [M]. 北京：北京出版社，2009.

[12] 费孝通. 江村经济：中国农民的生活 [M]. 北京：商务印书馆，2001.

[13] 黄宗智. 长江三角洲小农家庭与乡村发展 [M]. 北京：中华书局，1992.

[14] 黄宗智. 华北的小农经济与社会变迁 [M]. 北京：中华书局，2000.

[15] 金太军. 村庄治理和权力结构 [M]. 广州：广东人民出版社，2008.

[16] 贺雪峰. 组织起来：取消农业税后农村基层组织建设研究 [M]. 济南：山东人民出版社，2012.

[17] 李景鹏. 权力政治学 [M]. 哈尔滨：黑龙江教育出版社，1995.

[18] 李培林. 村落的终结：羊城村的故事 [M]. 北京：商务印书馆，2010.

[19] 卢少华，徐万珉. 权力社会学 [M]. 哈尔滨：黑龙江人民出版社，1989.

[20] 刘少杰. 经济社会学的新视野：理性选择与感性选择 [M]. 北京：社会科学文献出版社，2005.

[21] 刘爱玉. 选择：国企变革与工人生存行动 [M]. 北京：社会科学文献出版社，2005.

[22] 王浦劬. 政治学基础 [M]. 北京：北京大学出版社，1995.

[23] 王伟光. 利益论 [M]. 北京：中国社会科学出版社，2010.

[24] 吴毅. 村治变迁中的权威与秩序 20 世纪川东双村的表达 [M]. 北京：中国社会科学出版社，2002.

[25] 徐勇. 中国农村村民自治 [M]. 武汉：华中师范大学出版社，1997.

[26] 徐勇，吴毅. 乡土中国的民主选举：农民村民委员会研究文集 [M]. 武汉：华中师范大学出版社，2001.

[27] 于建嵘. 岳村政治：转型期中国乡村政治结构的变迁 [M]. 北京：商务印书馆，2001.

[28] 张乐天. 告别理想：人民公社制度研究 [M]. 上海：上海人民出版社，2012.

[29] 中共中央组织部组织二局，民政部基层政权建设和社区治理司. 村"两委"换届工作指导手册 [M]. 北京：党建读物出版社，2020.

[30] 夏县地方志编纂委员会. 夏县志 [M]. 北京：人民出版社，1998.

译著：

[1] 爱弥儿，涂尔干. 社会分工论 [M]. 渠敬东，译. 北京：生活·读书·新知三联书店，2000.

[2] 伯特兰·罗素. 权力论：一个新的社会分析 [M]. 靳建国，译. 北京：东方出版社，1988.

[3] 彼得·布劳. 社会生活中的交换与权力 [M]. 孙非，张黎勤，译. 北京：华夏出版社，2008.

[4] 戴维·米勒，韦农·波格丹诺. 布莱克维尔政治学百科全书 [M]. 邓正来，等，译. 北京：中国政法大学出版社，1992.

[5] 戴维·杜鲁门. 政治过程：政治利益与公共舆论 [M]. 天津：天津人民出版社，2005.

[6] 杜赞奇. 文化、权力与国家：1900—1942 年的华北农村 [M]. 王福明，译. 南京：江苏人民出版社，2010.

[7] 霍尔巴赫. 自然的体系 [M]. 管士滨，译. 北京：商务印书馆，1964.

[8] 卡尔·科恩. 论民主 [M]. 聂崇信，朱秀贤，译. 北京：商务印书

馆，2005.

　　[9] 卡尔·A. 魏特夫. 东方专制主义：对于极权力量的比较研究 [M].
徐式谷，译. 北京：中国社会科学出版社，1989.

　　[10] 理查德·斯科特. 制度与组织：思想观念与物质利益 [M]. 姚伟，
王黎芳，译. 北京：中国人民大学出版社，2011.

　　[11] 马克斯·韦伯. 新教伦理与资本主义精神 [M]. 于晓，陈维刚，
等译. 生活·读书·新知三联书店，1987.

　　[12] 马克斯·韦伯. 经济行动与社会团体 [M]. 康乐，简惠美，译.
桂林：广西师范大学出版社，2004.

　　[13] 马克斯·韦伯. 儒教与道教 [M]. 南京：江苏人民出版社，1993.

　　[14] 孟德斯鸠. 论法的精神 [M]. 张雁深，译. 北京：商务印书
馆，2004.

　　[15] 齐格蒙特·鲍曼. 共同体 [M]. 欧阳景根，译. 南京：江苏人民
出版社，2007.

　　[16] 齐格蒙特·鲍曼. 流动的现代性 [M]. 欧阳景根，译. 上海：上
海三联书店，2002.

　　[17] 施坚雅. 中国农村的市场和社会结构 [M]. 史建云，徐秀丽，译.
北京：中国社会科学出版社，1998.

　　[18] 滕尼斯. 共同体与社会：纯粹社会学的基本概念 [M]. 林荣远，
译. 北京：商务印书馆，1999.

　　[19] 詹姆斯·C. 斯科特. 农民的道义经济学：东南亚的反叛与生存
[M]. 程立显，等译. 南京：译林出版社，2001.

　　期刊：

　　[1] 曹海林. 村庄公共权力：村治研究的切入视角及其解说模式 [J].
社会科学，2006（12）.

　　[2] 陈庆云，鄞益奋. 论公共管理研究中的利益分析 [J]. 中国行政管
理，2005（5）.

［3］成伯清. 社会意象与社会治理［J］. 社会科学研究, 2015（1）.

［4］陈锋. 分利秩序与基层治理内卷化: 资源输入背景下的乡村治理逻辑［J］. 社会, 2015（3）.

［4］董成. 论利益表达机制及其功效［J］. 湖南社会科学, 2007（5）.

［5］狄金华, 钟涨宝. 从主体到规则的转向: 中国传统农村的基层治理研究［J］. 社会学研究, 2014（5）.

［6］邓大才. 农民行动单位: 集体、农户与个人——兼论当代中国农民行动单位演变轨迹［J］. 天津社会科学, 2008（5）.

［7］党永芬, 阿进录. 一个土族村庄的人口变迁及村庄共同体构建: 基于青海省互助县五十镇巴洪村的调查报告［J］. 民族学研究, 2021（4）.

［8］董江爱, 梁俊山. 习近平从严治党思想及其对农村政治生态的重塑［J］. 中共福建省委党校学报, 2018（2）.

［9］董江爱, 郝丽倩. 新时代实施村党组织书记"一肩挑"的困境及出路［J］. 社会主义研究, 2021（2）.

［10］董江爱. "两票"制、"两推一选"与"一肩挑"的创新性: 农村基层党组织执政能力建设的机制创新［J］. 社会主义研究, 2007（6）.

［11］傅熠华. 治理权力的塑造: 产权视角下中国村治的历史经验［J］. 东南学术, 2019（3）.

［12］郭于华. "道义经济"还是"理性小农": 重读农民学经典论题［J］. 读书, 2002（5）.

［13］黄博, 刘祖云. 我国村级治理权力模式的嬗变、困顿与走向［J］. 经济体制改革, 2012（6）.

［14］黄韬, 王双喜. 产权视角下乡村治理主体有效性的困境和出路［J］. 马克思主义与现实, 2013（2）.

［15］黄涛, 吴军. 乡村治理的利益考察: 理论溯源与路径选择［J］. 马克思主义与现实, 2019（5）.

［16］贺雪峰. 论利益密集型农村地区的治理: 以河南周口市郊农村调

研为讨论基础 [J]. 政治学研究, 2011 (6).

[17] 贺雪峰, 谭林丽. 内生性利益密集型农村地区的治理: 以东南 H 镇调查为例 [J]. 政治学研究, 2015 (3).

[18] 贺雪峰. 熟人社会的行动逻辑 [J]. 华中师范大学学报 (人文社会科学版), 2004 (1).

[19] 贺雪峰. 行动单位与农民行动逻辑的特征 [J]. 中州学刊, 2006 (9).

[20] 贺雪峰. 规则下乡与治理内卷化: 农村基层治理的辩证法 [J]. 社会科学, 2015 (4).

[21] 黄宗智. 重新思考 "第三领域": 中国古今国家与社会的二元合一 [J]. 开放时代, 2019 (1).

[22] 金太军. 公共权力与公共福利保障: 兼论社会弱势群体的福利诉求与保障 [J]. 学术月刊, 2003 (10).

[23] 李晓梅, 白浩然. 双重政府权力运作: 农村脱贫场景的治理逻辑——基于国家级贫困县村庄减贫实践的调研 [J]. 公共管理学报, 2019, 16 (4).

[24] 鹿斌. 社会治理中的权力: 内涵、关系及结构的认知 [J]. 福建论坛 (人文社会科学版), 2020 (4).

[25] 李延明. "论人民主权" [J]. 当代思潮, 1994 (3).

[26] 刘剑君. 当代中国社会主义的政治发展: 从文化的角度看 [J]. 理论学习月刊, 1998 (4).

[27] 卢福营, 祝伟华. 村委会选举中私营企业主的竞选行为: 以浙江省永康市龙村为例 [J]. 学习与探索, 2009 (2).

[28] 李培林. 巨变: 村落的终结——都市里的村庄研究 [J]. 中国社会科学, 2002 (1).

[29] 李国庆. 关于中国村落共同体的论战: 以 "戒能—平野论战" 为核心 [J]. 社会学研究, 2005 (6).

[30] 鲁明川. 村庄共同体视角下的农村现代化路径思考 [J]. 天府新

论，2013（2）.

[31] 李梦娜. 社会资本嵌入：乡村振兴背景下村庄共同体重建的新思路 [J]. 四川行政学院学报，2019（4）.

[32] 毛绵逵. 村庄共同体的变迁与乡村治理 [J]. 中国矿业大学学报（社会科学版），2019（6）.

[33] 彭文平. 农民理性行为与农村经济可持续发展 [J]. 江西财经大学学报，2002（6）.

[34] 乔运鸿. 乡村治理中的村庄精英角色分析 [J]. 中国行政管理，2012（10）.

[35] 秦正为. 马克思主义人权理论及其中国实践 [J]. 学术界，2010（9）.

[36] 渠敬东. 项目制：一种新的国家治理体制 [J]. 中国社会科学，2012（5）.

[37] 申静，王汉生. 集体产权在中国乡村生活中的实践逻辑：社会学视角下的产权建构过程 [J]. 社会学研究，2005（1）.

[38] 申波. 整体论进路与乡土"共同体"：论"儒法合流"的成立基础 [J]. 中山大学学报（社会版），2005（3）.

[39] 宋婧，杨善华. 经济体制改革与村庄公共权威的蜕变：以苏南某村为案例 [J]. 中国社会科学，2005（6）.

[40] 田毅鹏，韩丹. 城市化与"村落终结" [J]. 吉林大学社会科学学报，2011（1）.

[41] 魏晨，刘义强. 产权配置权力：公共池塘资源的治理规则及其逻辑——基于湖南省临澧县回龙村的深度调查 [J]. 广西大学学报（哲学社会科学版），2019，41（3）.

[42] 汪锦军. 嵌入与自治：社会治理中政社关系再平衡 [J]. 中国行政管理，2016（2）.

[43] 王秀敏，范继红. 利益内涵的多维解读 [J]. 南通大学学报（社会

科学版），2007（4）.

[44] 王春光. 快速转型时期的利益分化与社会矛盾 [J]. 江苏社会科学，2007（2）.

[45] 徐勇. 乡村治理结构改革的走向：强村、精乡、简县 [J]. 战略与管理，2003（8）.

[46] 徐勇. 代理人和当家人：村干部的双重角色 [J]. 二十一世纪（香港），1997（8）.

[47] 徐勇. 中国家户制传统与农村发展道路：以俄国、印度的村社传统为参照 [J]. 中国社会科学，2013（8）.

[48] 辛璟怡，于水. 主体多元、权力交织与乡村适应性治理 [J]. 求实，2020（2）.

[49] 熊静波. 法律"最小公分母"的证成：一个化简为繁的法律关系理论的内在逻辑及其意义 [J]. 法制与社会发展，2019，25（3）：73-88.

[50] 邢成举，李小云. 精英俘获与财政扶贫项目目标偏离的研究 [J]. 中国行政管理，2013（9）.

[51] 郁建兴，关爽. 从社会管控到社会治理：当代中国国家与社会关系的新进展 [J]. 探索与争鸣，2014（12）.

[52] 杨欢. 马克思利益理论的发展演进及当代应用 [J]. 中外交流，2017（35）.

[53] 于建嵘. 集体行动的原动力机制研究：基于 H 县农民维权抗争的考察 [J]. 学海，2006（2）.

[54] 尤琳，王海涛. 厚植村庄共同体：对差序治理的逻辑考量与回应 [J]. 中国农村研究，2020（2）.

[55] 郑杭生，邵占鹏. 治理理论的适用性、本土化与国际化 [J]. 社会学评论，2015.

[56] 章文光，刘丽莉. 精准扶贫背景下国家权力与村民自治的"共栖" [J]. 政治学研究，2020（3）.

［57］周少来.“权力过密化”: 乡村治理结构性问题及其转型 ［J］. 探索, 2020 (3).

［58］张立芳, 郭华夏. 试论乡村治理中村民内部利益主体博弈策略: 基于智猪博弈分析 ［J］. 农业经济, 2017 (4).

［59］郑永君, 张大维. 社会转型中的乡村治理: 从权力的文化网络到权力的利益网络 ［J］. 学习与实践, 2015 (2).

［60］张丙乾, 李小云, 叶敬忠. 正式制度的社区表达: 对农村社区中矿产资源权属的考察 ［J］. 农村经济, 2007 (7).

［61］张丙乾, 李小云, 叶敬忠. 加速的变迁: 农村社区中小铁矿开采的社会经济影响 ［J］. 农村经济, 2007 (7).

［62］张丙乾, 李小云. 基于矿产资源开发的农村社区权力运作探析 ［J］. 社会科学辑刊, 2007 (5).

［63］郑风田, 程郁, 阮荣平. 从“村庄型公司”到“公司型村庄”: 后乡镇企业时代的村企边界及效率分析 ［J］. 中国农村观察, 2011 (06).

［64］张玉堂. 近年来利益问题研究综述 ［J］. 哲学动态, 1998 (4).

［65］赵子良. 农民政治权益的缺失及保障 ［J］. 求实, 2005 (1).

［66］张小军. 象征地权与文化经济: 福建阳村的历史地权个案研究 ［J］. 中国社会科学, 2004 (3).

［67］周飞舟. 从汲取型政权到“悬浮型”政权: 税费改革对国家与农民关系之影响 ［J］. 社会学研究, 2006 (3).

［68］折晓叶, 陈婴婴. 项目制的分级运作机制和治理逻辑: 对“项目进村”案例的社会学分析 ［J］. 中国社会科学, 2011 (4).

［69］周黎安. 如何认识中国? ——对话黄宗智先生 ［J］. 开放时代, 2019 (3).

电子文献:

［1］农村人民公社工作条例 (修正草案) ［EB/OL］. 中国土地法治研究网, 1961-06-15.

[2] 中共中央办公厅, 国务院办公厅. 关于进一步做好村民委员会换届选举工作的通知 [EB/OL]. 中国政府网, 2002-07-14.

[3] 中共中央. 中国共产党农村基层组织工作条例 [EB/OL]. 中国政府网, 2019-01-10.

[4] 中共中央, 国务院. 关于坚持农业农村优先发展做好"三农"工作的若干意见 [EB/OL]. 中国政府网, 2019-01-03.

[5] 中共中央, 国务院. 关于建立健全城乡融合发展体制机制和政策体系的意见 [EB/OL]. 中国政府网, 2019-04-15.

[6] 中共中央. 中国共产党农村工作条例 [EB/OL]. 中国政府网, 2019-08-19.

报纸:

[1] 中共中央关于坚持和完善中国特色社会主义制度. 推进国家治理体系和治理能力现代化若干重大问题的决定 [N]. 人民日报, 2019-11-06.

[2] 中共中央关于坚持和完善中国特色社会主义制度推进国家治理体系和治理能力现代化若干重大问题的决定 [N]. 人民日报, 2019-11-06.

[3] 张春照. 以共同体思维推进乡村治理 [N]. 学习时报, 2020-08-26.

其他:

[1] 关于YG公社建党工作考核表 [Z]. 夏县档案馆, YG案卷目录表, 卷宗, 74, 1964.

[2] 中共晋南地委农村工作部关于生产大队、生产队的组织机构、人员设置和干部报酬的意见 [Z]. 夏县档案馆, YG案卷目录表, 卷宗, 67, 1962.

[3] 夏县档案馆, YG案卷目录表, 卷宗, 207 关于种子公司征用土地的批复 [Z]. 夏县档案馆, YG案卷目录表, 卷宗, 207, 1979.

[4] 夏县档案馆, YG案卷目录表, 卷宗, 251 县委批转农村政治部关于自留地的一些处理意见 [Z]. 夏县档案馆, YG案卷目录表, 卷宗, 251, 1980.

[5] 中华人民共和国民政部. 中国民政部统计年鉴（2018）[Z]. 北京：中国统计出版社，2018.

英文文献
著作：

[1] EVANS P. *Embedded Autonomy States and Industrial Transformation* [M]. Princeton：Princeton University Press，1995.

[2] POPKIN SL. *The Rational Peasant：The. Political Economy of. Rural Society in Vietnam* [M]. Berkeley：University of California Press，1979.

[3] KERBO HR. *Social Stratification and Inequality：Class Conflict in Historical，Comparative and Global Perpective* [M]. New York：McGraw Hill，2012.

[4] CROMPTONR. *Class and Stratification：An Introduction to Current Debates* [M]. Cambridge：Polity Press，1993.

[5] HELLER CS. *Structured Social Inequality：A Reader in Comparative Social Stratification* [M]. New Jersey：Macmillan Publishing Company，1987.

[6] PFEFFER. J，SALANCIK. G. R. The External Control of Organizations：A Resource Dependence Perspective [M]. Harper & Row，1978.

期刊：

[1] NALBANDIAN. J. Collaborative Public Management：New Strategies for Local Government [J]. *Journal of Politics*，2005，67（1）.

[2] TSAUR. S. H，LIN. Y. C，LIN. J. H. Evaluating ecotourism sustainability from the integrated perspective of resource，community and tourism [J]. *Tourism Management*，2006，27（4）.

[3] FOUCAULT. M. Michel. Foucault：Power/Knowledge：Selected Interviews and Other Writings. 1972-1977 [J]. 1980.

[5] BOEKE. J. H. Economics and Economic Policy of Dual Societies as Exemplified by Indonesia [J]. New York：Insitute of Pacific Relations，1953.

［6］BERITELLI. P，LAESSER. C. Power dimensions and influence：Reputation in tourist destinations：Empirical evidence from a network of actors and stakeholders［J］. *Tourism Management*，2011，32（6）.

［7］COASE. R. H. The New Institutional Economics［J］. *Amercian Economic Review*，1998（1）.

［8］ARNSTEIN. S. R. A Ladder of Citizen Participation［J］. *Journal of the American Institute of Planners*，1969（4）.

致　谢

　　时光荏苒，岁月如歌。在论文付梓之际，站在毕业的门槛，回望在山西大学攻读博士学位的求学时光，不禁思绪万千，感慨良多。山西大学三年的学习生涯，在恩师、家人、亲友的支持和鼓励下，走得辛苦也收获满囊。一路坎坷一路歌，有成功的喜悦，也有失败的落寞，但这些都终将化作意志的磨炼和对青春的洗礼。如今到了离别之际，更多的是不舍、感动和感激。

　　感谢百年山大，给予我优秀的平台。参加工作又重新回到校园的我非常珍惜这段探索求知的道路。百年山大拥有深厚的学术底蕴和严谨的学风，我们在山西大学的怀中成长，在知识的殿堂里自由徜徉，逐渐完成了从依附到独立、从遵循到创新的蜕变。传承百年校训，坚信"登崇俊良，求真至善"的信条，谱写青春的乐章。2022 年，山西大学迎来 120 周年庆典，百年山大，涅槃重生，重铸辉煌！

　　一朝沐杏雨，终身念师恩。感谢我的恩师董江爱教授，我常常感到惭愧，自己在学术上缺乏足够的天赋与努力，在学业上也不够积极主动，但老师对我始终宽和，总是不断地鼓励我、耐心地引导我。我的博士论文能够顺利完成，离不开董老师的悉心指导，论文从选题、田野调查到撰写修改，老师给了我许多帮助，没有她的督促和指导，就不会有这本学位论文。老师总能给予我力量，每当我深陷迷雾无法前行时，她就会出现在我身边，耐心地教导我，牵着我的手一直往前走。除了学业以外，在生活上，老师对我关怀备至，自进入三年级以来，老师不时询问我是否遇到困难、是否需要帮助。

老师对我的教导与关切，我将永远难忘。同时，我要感谢唐鸣教授、李俊清教授、杨雪冬教授、苏昕教授、崔文奎教授、朱丽君教授，感谢他们在开题和答辩过程中，为论文的写作和完善提出的宝贵建议，他们的建议和指导使我的论文更加完善。

山水一程，三生有幸。感谢王慧斌副教授、陈晓燕副教授、王凯副教授、白雪娇副教授、史亚峰副教授、张嘉凌讲师。集体的智慧是无穷的，每每向他们请教都能碰撞出思想的火花。特别感谢陈晓燕师姐耐心地教我论文写作的技巧，感谢白雪娇师姐每天的"学术"陪伴和精神鼓励，她们让我的读博之路变得温暖。感谢帮助和支持我的梁俊山师兄、刘铁军师兄、王文祥师兄、原丁师姐，他们在我遇到瓶颈求助时总是给予我鼓励。还要感谢同窗好友的相互砥砺，胡波、李小红、张海洋，同窗数载，本身就是莫大的缘分。和师弟师妹们一起调研、一起学习也是博士生涯中美好的记忆。感谢王艺苑师妹、温杰师弟、王晋玲师妹、李碧江师弟、倪婷师妹、姚瑶师妹、朱丛师弟、李翰东师弟、班允博师弟、刘紫薇师妹、宋菲师妹、柴凯西师妹、尤馨雅师妹，祝大家前程似锦，在各自的岗位和学业上有所成就。

"对于调查研究，没有满腔的热忱，没有眼睛向下的决心，没有求知的渴望，没有放下臭架子、甘当小学生的精神，是一定不能做，也一定做不好的。"直到调研的第二个暑假，我才意识到老师和师兄师姐们那种住在农户家里调研的重要意义，开始后悔自己应该从第一年调研就驻村，深入群众，了解群众。真正住在村里，你才能感受到村庄的变化，才是老师教导的去参与到它的过程中去。和村民吃在一起，住在一起，你才是整个换届村庄变化的亲历者，论述文章的时候也才能让别人看到你的"全程参与"。在调研中，山西省运城市夏县的许多干部、企业负责人、乡镇工作人员、村干部都给予了我很大的帮助和支持，在此，向他们表示衷心的感谢。每次去都能感受到村民的善良与淳朴，去访谈，几乎没有饿过肚子，都是饭点到了在哪家访谈就吃在哪家，感谢他们对我这个学生的接纳和关照。

舐犊情深，没齿难忘。最后还要感谢父母多年的养育与教导、挚爱与包容，正是他们不计回报的默默付出，无私的呵护与关爱，支持着我一路走来，顺利完成学业。家人用他们深沉的爱，赋予我为学为人的定力和操守，给了我坚定前行的勇气和力量。正是有他们的包容与支持，我才能心无旁骛地求学，完成论文的写作。愿他们永远健康快乐。友情如水，淡而长远。同时感谢我的好闺蜜马晓敏，她从硕士陪伴我到博士毕业，一起分享快乐，一起承担悲伤。还要感谢在夏县工作的硕士同学权红、牛奕超，感谢他们在我调研期间尽可能为我提供便利。

我们这一届学生，2019年入学的那个年关，遇上了新冠疫情的暴发，疫情防控进入了一个新阶段。对于我们而言，虽有波折与困难，但我们终将前行。

郝丽倩
二〇二二年六月